河北省农村公路项目
设计文件编制技术及图表示例

河北锐驰交通工程咨询有限公司　编著

人民交通出版社股份有限公司

北　京

内 容 提 要

本书为公路养护设计咨询系列丛书之一，依据现行规划和标准，结合既往河北省农村公路新改建及养护项目的一些成功经验，对设计文件的组成、设计内容和深度进行了规范和提升，同时以实际工程为例编制了图表示例。其主要内容包括：概述、编制依据、设计阶段、施工图设计、设计成果的提交、河北省农村公路项目设计文件图表示例。

本书可作为公路行业项目设计人员参考书，也可作为相关行业人员参考资料。

图书在版编目(CIP)数据

河北省农村公路项目设计文件编制技术及图表示例/河北锐驰交通工程咨询有限公司编著.—北京：人民交通出版社股份有限公司,2020.8
ISBN 978-7-114-16774-4

Ⅰ.①河… Ⅱ.①河… Ⅲ.①农村道路—道路工程—工程项目管理—设计文件—编制—河北 Ⅳ.①U415

中国版本图书馆 CIP 数据核字(2020)第 145604 号

Hebei Sheng Nongcun Gonglu Xiangmu Sheji Wenjian Bianzhi Jishu ji Tubiao Shili

书　　名：	河北省农村公路项目设计文件编制技术及图表示例
著 作 者：	河北锐驰交通工程咨询有限公司
责任编辑：	袁　方　杨　思
责任校对：	孙国靖　魏佳宁
责任印制：	刘高彤
出版发行：	人民交通出版社股份有限公司
地　　址：	(100011)北京市朝阳区安定门外外馆斜街 3 号
网　　址：	http://www.ccpcl.com.cn
销售电话：	(010)59757973
总 经 销：	人民交通出版社股份有限公司发行部
经　　销：	各地新华书店
印　　刷：	北京鑫正大印刷有限公司
开　　本：	880×1230　1/16
印　　张：	12.75
字　　数：	291 千
版　　次：	2020 年 8 月　第 1 版
印　　次：	2020 年 8 月　第 1 次印刷
书　　号：	ISBN 978-7-114-16774-4
定　　价：	72.00 元

(有印刷、装订质量问题的图书由本公司负责调换)

前　言

截至2019年底,河北省公路通车里程共计19.7万公里,其中农村公路总里程16.8万公里,占比85%。农村公路的组成部分比较复杂,按行政等级划分,县道1.2万公里,乡道4.6万公里,村道11.0万公里;按技术等级划分,一级公路806公里,二级公路9380公里,三级公路1.9万公里,四级公路13.5万公里,等外路3958公里。农村公路四级及以下公路占比83%,三级及以下公路占比94%。

近年来从国家到地方,建设农村公路的重要意义提高到了实施乡村振兴战略、打赢脱贫攻坚战的高度,为推进农村公路建设提供了根本宗旨。农村公路是现代综合交通体系的重要组成部分,是农村生产生活重要的基础设施,分担着经济发展、民生改善与社会和谐的重任。推动农村公路高质量发展,是当前和今后一个时期公路交通建设的重要发展方向。

河北锐驰交通工程咨询有限公司(简称锐驰公司)为配合行业管理部门规范农村公路工程项目设计工作,提高农村公路设计文件质量,以公司十余年来从事公路设计实践工作的成果为基础,进行总结和归纳,编著完成了"本书"。本书依据现行规范和标准,结合既往河北省农村公路新改建及养护项目的一些成功做法,对设计文件的组成、设计内容和深度进行了规范和提升,同时以实际工程为例编制了图表示例,可作为相关项目设计人员的参考用书,也可作为大中专院校在校学生的参考用书。

本书适用于三级及以下等级的农村公路新改建及养护项目,技术等级二级及以上农村公路可参考使用。

本书由王子鹏、张艳梅、孙倩主持编写,孙倩统稿,王海兰主审。

本书主要起草人:杜永亮、高博、崔小娜、高进帅、张玺、陈振、潘菲、胡杨、王国昀、刘丽。

其中案例部分主要完成人:许楠、刘阳、丁梓航、马亚坤、郑晨晨、何永成、宋梓璇、李昀阳、李阳阳、李峰、唐博强、李雪姣、温立影、刘晓青、马士召、张一曼、赵香雪、马阳舟、吕玉阁。

在本书编写过程中,得到了刘秀菊、戴忠华、赵东方、郑栩峰、何利民、张召、张海伟等业内专家精心指导,他们提出了诸多修改意见和建议,为提升本书的质量和技术水平给予了极大帮助。特别是刘桂霞、雷伟、金凤温、赵建红、王喜刚、高金虎正高工给予了大力支持,为本书的顺利出版提供了保障,在此一并致谢。

因时间仓促,疏漏及偏颇之处恳请读者批评指正。

联系地址:河北省石家庄市平安南大街30号,电话0311-86089559,邮箱 Hebreach@ vip.163.com。

编 者

2020年9月

目 录

1 概述 ··· 1
2 编制依据 ··· 1
  2.1 行业相关管理办法和意见 ··· 1
  2.2 现行有关标准、规范、规程 ··· 1
3 设计阶段 ··· 2
4 施工图设计 ·· 2
  4.1 目的、要求及设计要点 ··· 2
  4.2 组成与内容 ··· 3
  4.3 基础资料 ·· 14
5 设计成果的提交 ··· 14
  5.1 施工图设计文件和设计图纸的幅面尺寸 ·· 14
  5.2 施工设计文件的有关要求 ··· 14
  5.3 路线平纵面图等的起讫方向和里程桩号之相关规定 ······························· 15
  5.4 设计文件中的计量单位和工程名词之相关规定 ···································· 15
6 河北省农村公路项目设计文件图表示例 ·· 15
  第一部分 河北省农村公路新改建项目设计文件图表示例 ························· 16
    第一篇 总体设计 ··· 20
    第二篇 路线 ··· 28

第三篇	路基、路面	56
第四篇	桥梁、涵洞	80
第五篇	隧道	98
第六篇	路线交叉	99
第七篇	绿化	105
第八篇	其他工程	109
第九篇	筑路材料	114
第十篇	施工组织计划	119
第十一篇	施工图预算	126
第二部分 河北省农村公路养护项目设计文件图表示例		**139**
第一篇	总体设计	142
第二篇	路线	151
第三篇	路基、路面	162
第四篇	桥梁、涵洞	185
第五篇	隧道	196
第七篇	绿化	197
第九篇	筑路材料	197
第十篇	施工组织计划	197
第十一篇	施工图预算	197

1 概述

《河北省农村公路建设管理办法》(冀交公路〔2010〕317号)中将河北省农村公路分为县道、乡道和村道。其中重要乡道是建设标准在三级公路以上(含三级),且里程长度在5km以上(含5km)的公路。本书中河北省农村公路指的是河北省一般乡道、村道。

本书适用于河北省农村公路新改建和养护项目的基本建设项目,可作为编制河北省农村公路项目设计文件的参考工具书。

(1)河北省农村公路项目设计文件是安排工程项目、控制投资、编制招标文件、组织施工和竣工验收的重要依据。

(2)河北省农村公路项目设计文件的编制,以县(市、区)为单位打捆编制,也可单独编制。设计文件的编制,应贯彻国家、河北省有关方针政策,依据有关标准、规范、规程,做到客观、公正、准确。

(3)工程定额的采用和概、预算编制,应根据设计阶段的不同要求,按照交通运输部现行的《公路工程概算定额》《公路工程预算定额》《公路工程建设项目概算预算编制办法》《农村公路养护预算编制办法》的规定编制。

(4)具体项目设计文件编制根据工程实际情况合理组织篇章,适当增减有关内容;图表示例中图表编号根据项目实际情况可自行调整。

2 编制依据

2.1 行业相关管理办法和意见

(1)《农村公路建设管理办法》(中华人民共和国交通运输部令2018年第4号)。

(2)《农村公路养护管理办法》(中华人民共和国交通运输部令2015年第22号)。

(3)《河北省农村公路建设管理办法》(冀交公路〔2010〕317号)。

(4)《河北省农村公路养护管理办法》(冀交公〔2011〕779号)。

(5)《河北省农村公路养护管理实施细则》(冀交公〔2006〕240号)。

(6)《河北省农村公路养护管理考核办法》(冀交公〔2013〕370号)。

(7)《农村公路建设质量管理办法》(交安监发〔2018〕152号)。

2.2 现行有关标准、规范、规程

(1)《公路工程基本建设项目设计文件编制办法》(交公路发〔2007〕358号)。

(2)《乡村道路工程技术规范》(GB/T 51224—2017)。

(3)《公路工程技术标准》(JTG B01—2014)。

(4)《小交通量农村公路工程技术标准》(JTG 2111—2019)。

(5)《公路路线设计规范》(JTG D20—2017)。

(6)《公路水泥混凝土路面设计规范》(JTG D40—2011)。

(7)《公路沥青路面设计规范》(JTG D50—2017)。

(8)《公路桥涵设计通用规范》(JTG D60—2015)。

(9)《公路钢筋混凝土及预应力混凝土桥涵设计规范》(JTG 3362—2018)。

(10)《公路涵洞设计细则》(JTG/T D65—04—2007)。

(11)《公路交通安全设施设计规范》(JTG D81—2017)。
(12)《公路养护技术规范》(JTG H10—2009)。
(13)《公路养护安全作业规程》(JTG H30—2015)。
(14)《公路沥青路面养护设计规范》(JTG 5421—2018)。
(15)《公路工程建设项目概算预算编制办法》(JTG 3830—2018)。
(16)《农村公路养护预算编制办法》(JTG/T 5640—2020)。
(17)《公路工程预算定额》(JTG/T 3832—2018)。

3 设计阶段

本书采用一阶段施工图设计。对于技术复杂或有特殊管理要求的项目可采用两阶段设计。

4 施工图设计

4.1 目的、要求及设计要点

4.1.1 设计目的和要求

一阶段施工图设计应根据可行性研究报告批复意见、测设合同的要求,拟定修建原则,确定设计方案和工程数量,提出文字说明和图表资料以及施工组织计划,编制施工图预算,满足审批的要求,适应施工的需要。

4.1.2 设计要点

(1)确定路线具体位置。

(2)确定路基标准横断面和高填深挖路基、特殊路基横断面,绘制路基超高、加宽设计图;计算土石方数量并进行调配;确定路基取土、弃土的位置,绘制取土坑、弃土场设计图。

(3)确定路基、路面排水系统和支挡、防护工程的结构类型及尺寸,绘制相应布置图和结构设计图。

(4)确定高填深挖、陡坡路堤及特殊路基设计的结构形式及尺寸,并绘制设计图。

(5)确定各路段的路面结构类型、路面混合料类型,并绘制路面结构图。

(6)确定大、中桥的位置、孔数及孔径、结构类型及各部尺寸,绘制结构设计图。

(7)确定小桥、涵洞、漫水桥及过水路面等的位置、孔数及孔径、结构类型及各部尺寸,绘制布置图。特殊设计的,应绘制特殊设计详图。

(8)确定路线交叉形式、结构类型及各部尺寸,绘制布置图和设计详图。

(9)确定新改建或养护工程施工期间的交通组织设计图表。

(10)确定绿化工程的位置、类型及数量,绘制布置图和设计详图。

(11)确定改渠(河)等其他工程的位置、结构形式及尺寸,绘制相应的布置图和设计详图。

(12)落实沿线筑路材料的质量、储藏量、供应量及运距,绘制筑路材料运输示意图。

(13)确定征用土地、拆除建筑物等的数量。

(14)计算各项工程数量。

(15)提出施工组织计划。
(16)提出人工数量及主要材料、机具、设备的规格及数量。
(17)编制施工图预算。

4.2 组成与内容

本书施工图设计文件由十一篇及附件组成:第一篇总体设计;第二篇路线;第三篇路基、路面;第四篇桥梁、涵洞;第五篇隧道;第六篇路线交叉;第七篇绿化;第八篇其他工程;第九篇筑路材料;第十篇施工组织计划;第十一篇施工图预算。

4.2.1 第一篇 总体设计

1)项目地理位置图

在县(市)级行政区划范围内(具体范围可根据路线在路网中的作用及所处位置进行适当调整)示出项目所在路线在县(市)级公路网络图中的位置及沿线主要城镇。

2)说明书

(1)任务依据及测设经过。扼要说明任务依据及测设经过,及利用和废弃原有公路的情况、废弃拆毁原有桥涵及其他构造物的情况。

(2)技术标准。建议以表格形式列出技术标准。

(3)路线起讫点、中间控制点、全长、沿线主要城镇、河流、公路及铁路等级技术标准、工程概况。

工程概况中分专业说明概况,并说明原有路基、路面、桥涵及其他构造物的利用、加固、加宽、接长等情况。

(4)可行性研究报告批复意见执行情况。逐项列出可行性研究报告批复意见及执行情况。如有与可行性研究报告批复意见的设计方案等不一致就应说明变更依据及理由。

(5)建设条件。说明沿线地形、地质、地震、气候、水文等自然地理特征及其与公路建设的关系;沿线筑路材料、水、电等建设条件及与公路建设的关系;与周围环境和自然景观相协调情况;原有建筑材料的废弃与利用情况等。

(6)各项工程施工的总体实施步骤的建议及有关工序衔接等技术问题的说明以及有关注意事项。

(7)新技术、新材料、新设备、新工艺的采用等情况。

(8)与有关部门的协商情况。按照实际发生情况,说明与土地规划、铁路、水利、公路、管线等部门的协调结果。

(9)附件。可行性研究报告批复意见、测设合同的必要内容、有关指示、协议和纪要等复印件。

3)路线平、纵面缩图

(1)平面缩图。

平面缩图应示出路线起讫点、标段划分的桩号与合同段的名称、公里标、控制点、地形、主要城镇、与其他交通路线的关系以及县以上境界。简明示出大桥、主要路线交叉、主要沿线设施等的位置和形式(对制约路线方案的不良地质、滞洪区、文物古迹、城镇规划、风景区等的分布范围,必要时可着色,醒目示出其分布)。根据项目需求合理选择比例尺,一般采用1:2000~1:10000。

(2)纵面缩图。

纵断面缩图一般绘于平面缩图之下,必要时也可单独绘制,简明示出主要公路、铁路、河流、大桥及主要路线交叉等的位置、名称与高程,标注设计高程。水平比例尺与平面缩图相同或与其长度相适应;垂直比例尺根据需求合理选用,一般采用1:200~1:1000。

4）主要技术经济指标表

根据不同工程类型，分专业列出主要技术经济指标。

5）公路平面总体设计图

图中示出地形、地物、平面控制点、高程控制点、坐标网格、路线位置[桩号、断链、路中心线、路基边线、坡脚（或坡顶）线、示坡线及曲线主要桩位]与其他交通路线的关系、沿线排水系统、改移河道（沟渠）及道路、县以上境界、用地界等，标出桥梁、涵洞、路线交叉及防护工程的位置（桥梁按孔数及孔径、长度标绘，注明桥名、结构类型、孔数及孔径、中心桩号；注明跨线桥名称、结构类型、孔数及孔径、交叉方式；平面交叉示出平面形式；涵洞与通道按孔数标绘，示出结构类型、孔数及孔径；防护工程注明类型）。对设置客运汽车停靠站的路段，应示出其放置位置及起讫点桩号。根据项目需求合理选择比例尺，一般采用1:1000或1:2000。

6）养护项目

（1）项目地理位置图，参考4.2.1第1）条。

（2）说明书：

①工程概述。简要说明项目位置和规模、项目背景、养护路段基础数据（路线等级、设计速度、路面宽度等）、建养历史、测设经过、项目范围、方案批复及执行情况等。

②现状调查和交通量。简要说明路面技术状况检测、路面破损调查、测量（断面及高程等）、路面内部病害检测、排水系统状况调查、筑路材料调查状况，养护路段交通量分布及增长状况、交通组成等对项目影响较大的信息。

③设计依据。相关规范、规程、历年养护资料（包括历次养护设计文件和竣工文件等）、该项目方案研究报告及其批复等。

④设计原则。针对具体项目特点，按照设计规范和技术标准的要求，结合实地勘察情况，阐述设计原则。

⑤设计内容。简要说明养护标准及目标，各部分工程内容（路线、路基路面、桥梁涵洞、绿化、交通工程及沿线设施、筑路材料、施工组织计划、交通组织设计、施工图预算）设计方案及要点，环境保护方案，旧材料利用方案，动态设计，新技术、新材料、新设备、新工艺的采用等情况。

（3）路线平、纵面缩图。

养护项目不涉及平面或较大规模纵断面调整的路段，可不绘制路线平、纵面缩图。

（4）主要经济技术指标表，参考4.2.1第4）条。

（5）公路平面总体设计图。

涉及平面或较大规模纵断面调整的养护项目应绘制公路平面总体设计图，参考4.2.1第5）条。

不涉及平面或较大规模纵断面调整的养护项目，可绘制公路平面总体示意图。图中示出地形与地物（可采用卫星影像替代）、平面控制点、高程控制点、路线位置（桩号、断链、路中心线、路基边线及曲线主要桩位）与其他交通路线的关系、县以上境界等，示出桥梁、涵洞及路线交叉的位置（桥梁按孔数及孔径、长度标绘，注明桥名、结构类型、孔数及孔径、中心桩号；平面交叉示出平面形式；涵洞按孔数标绘，示出结构类型、孔数及孔径），示出客运汽车停靠站等。示出路面主导养护工程、排水工程、防护工程、护栏等的位置（路面主导养护工程标绘出养护类型，如结构性修复、功能性修复、预防养护、养护路段起讫桩号等；排水、防护、护栏等工程标绘出新增或改造路段起讫桩号及类型）。对设置错车道、客运汽车停靠站的路段，应示出其放置位置及起讫点桩号。根据项目需求合理选择比例尺，一般采用

1:2000~1:5000。

4.2.2 第二篇 路线

1) 说明

（1）可行性研究报告批复意见执行情况。

（2）路线平面、纵断面设计说明。

（3）施工注意事项。

2) 路线平面图

示出地形、地物、路线位置及桩号、断链、平曲线主要桩位与其他交通路线的关系以及县以上境界等，标注平面控制点和高程控制点及坐标网格和指北图式；示出涵洞、桥梁、路线交叉（标明交叉方式和形式）位置、中心桩号、尺寸及结构类型等；并示意出主要改路、改渠等。图中列出平曲线要素表。标注地形图的坐标和高程体系以及中央子午线经度或投影轴经度。根据项目需求合理选择比例尺，一般采用1:2000~1:5000。

3) 路线纵断面图

示出网格线、高程、地面线、设计线、竖曲线及其要素、桥涵、路线交叉的位置。桥梁按桥型、孔数及孔径标绘，注明桥名、结构类型、中心桩号、设计水位；涵洞按桩号及底高绘出，注明孔数及孔径、结构类型、水准点（位置、编号、高程）及断链等。水平比例尺与平面图一致，垂直比例尺视地形起伏情况可采用1:200、1:400或1:500。图的下部各栏示出地质概况、填挖高度、地面高程、设计高程、坡长及坡度、直线及平曲线（包括缓和曲线）、超高、桩号。

4) 直线、曲线及转角表

列出交点号、交点桩号、交点坐标、偏角、曲线各要素数值、曲线控制桩号、直线长、计算方位角或方向角，备注路线起讫点桩号、坐标系统等。

5) 纵坡、竖曲线表

6) 公路用地表

列出用地起讫桩号、长度、宽度，所属县、乡、村，土地类别及数量等。

7) 公路用地图

示出路线用地界线（变宽点处注明前后用地宽度及里程桩号），土地类别、分界桩号及地表附着物，土地所属县、乡等。根据项目需求合理选择比例尺，一般采用1:500~1:2000。

8) 砍树挖根数量表

列出桩号、长度、宽度，以及除草、砍灌木林、砍树挖根、挖竹根的数量等[也可与耕地填前夯（压）实数量表、挖淤泥排水数量表放在一起列入路基工程中]。

9) 拆除圬工数量表

列出项目路段、起止桩号、路段长度，以及拆除圬工的数量等。

10) 路线逐桩坐标表

列出桩号、纵、横坐标等，并注明坐标系统及中央子午线经度或投影轴经度。

11) 控制测量成果表

即导线点成果表，列出导线点编号、点名、坐标、边长、方位角及高程等，并注明坐标系统、高程系统及中央子午线经度或投影轴经度。

12) 点之记

13) 安全设施

（1）安全设施设计说明。

(2)安全设施工程数量汇总表。

(3)沿线标志、标线平面布置图。

在路线平面图上示出全线重要的标志,如限速标志、指路标志的设置桩号、支撑形式、版面规格及内容等,以及标线。

(4)安全设施设置一览表。

(5)安全设施材料数量汇总表。

分别列出不同安全设施的材料数量。

(6)标志板面布置图。

(7)标志一般构造图。

(8)主线标线设计图。

(9)减速标线设计图。

(10)平面交叉口标线设计图。

(11)路侧波形梁护栏一般构造图。

(12)道口标柱设计图。

(13)里程碑、百米桩一般构造图。

14)养护项目

养护项目不涉及平面或较大规模纵断面调整的路段,可不编制1)~12)条内容。

4.2.3 第三篇 路基、路面

1)说明

(1)可行性研究报告批复意见执行情况。

(2)施工图标段(合同段)划分情况。

(3)原有路基、路面概况,包括原有公路技术状况及现状的描述、旧路面病害调查与检测情况和原有公路构造物的维修利用、加固、废弃情况。

(4)路基设计原则、路基横断面布置及加宽、超高方案。

(5)路基设计、施工工艺、参数、材料要求。特殊处理的高填深挖路基、滑坡、崩塌、泥石流、采空区等大型特殊路基设计应按工点编制设计说明。

(6)路基压实标准与压实度及填料强度要求。

(7)路基支挡、加固及防护工程设计说明。

(8)路基、路面排水系统及其防护设计说明。

(9)取土、弃土设计方案,环保及节约用地措施。

(10)路面结构设计,包括主线、被交道路、桥面铺装等。

(11)路床顶面验收标准说明。

(12)施工方案及注意事项。

(13)动态设计及监控方案说明。

2)路基标准横断面图

示出路中心线、行车道、拦水缘石(如果有)、路肩、路拱横坡、边坡、护坡道、边沟、碎落台、截水沟、用地界碑等各部分组成及其尺寸,路面宽度及概略结构。比例尺采用1:100~1:200。

3)一般路基设计图

绘出一般路堤、低填路堤(路基高度较小且需特殊处理)、路堑、半填半挖路基、陡坡路基、填石路基、半路半桥路基、悬出路台或半山洞路基(如果有)、水田内路堤及沿河(江)或水塘(库)等不同形式的代表性路基设计图,并应分别示出路基、边沟、碎落台、截水沟、护坡道、排水沟、边坡坡率、护脚墙、护肩、护坡、挡土墙等结构类型及防护加固结构形式且标注主要尺寸。比例尺采用1:200。

4)路基横断面设计图

绘出所有整桩、加桩的横断面图,示出加宽、超高、边坡及坡率

（包括各分级边坡）、边沟、截水沟、碎落台、护坡道、边坡平台、路侧取土坑（如果有）、开挖台阶及视距台等，注明用地界。挡土墙、护面墙、护脚、护肩、护岸、边坡加固、边沟（排水沟）及截水沟加固等均绘在本图上，并注明起讫桩号、防护类型及断面尺寸（另绘有防护工程设计图的只绘出示意图，注明起讫桩号和设计图编号）。比例尺采用1:100～1:400。

养护项目中，不涉及平面或较大规模纵断面调整的路段，可不绘制路基横断面设计图。

5）超高方式图

分类型绘出超高纵断面、缓和段代表性超高横断面；注出主要尺寸、超高渐变率，横坡及超高值。

6）原有公路路基、路面利用、维修、拆除一览表

列出起讫桩号、长度、构造物名称、位置、简要说明、工程及材料数量等。可根据需要汇入其他相关工程数量表中。

7）耕地填前夯（压）实数量表

列出夯（压）实段起讫桩号、长度、夯实面积等。

8）低填浅挖路基处理工程数量表

列出低路堤开挖、回填土方数量及特殊处理的工程数量等。可列出公路改建项目路基维修、拆除工程数量。

9）低填浅挖路基处理设计图

示出平原地区低填路基填筑中，清表和填前夯实的厚度，并且按不同路基高度分别说明路基各层采用的填料种类、强度、是否改性及掺改性剂类型、剂量等。

10）路基每公里土石方数量表

列出起讫桩号、长度、挖方（总体积、土类、石类）、清除表土、填方（总体积、填土及填石分压实方和自然方、本桩利用方、远运利用方、借方、弃方、总运量、计价土石方总数等）。并说明表土的利用措施、平均运距、临时占地等。

11）路基防护工程数量表

列出路基支挡、防护工程起讫桩号、工程名称、主要尺寸及说明、单位、数量（左、右）工程及材料数量等（包括护坡、挡土墙、护墙、护脚、护肩、边坡加固等）。

农村公路一般不进行路基防护，对于因沿河、景观需要或确需采取措施提高路基稳定性时应进行专门设计并列出数量。

12）路基支挡、防护工程设计图

绘出各项支挡、防护工程的立面、断面及详细结构设计图。比例尺采用1:50～1:500。按不同情况列出每延米或每处工程及材料数量表。挡土墙设计还应绘制平、纵面图，逐桩及墙高变化处的横断面图、挡土墙断面大样图、挡墙顶部护栏基础设计图，以及不同墙高对应尺寸和每延米数量，并计列每处（段）工程及材料数量表。比例尺采用1:200～1:400。

13）路面工程数量表

列出起讫桩号、长度、结构类型、各结构层次名称及厚度（分行车道、路肩加固计列）、培路肩等。可列出公路新改建项目路面维修、拆除工程数量。

14）路面结构图

根据相关规范及地方经验确定适当的路面结构，分别示出行车道、路肩加固以及桥面铺装、桥头路基的路面结构与厚度。绘出路面边缘大样图，列出单位工程及材料数量表。

15）水泥混凝土路面设计图

水泥混凝土路面应绘出水泥混凝土路面分块布置、接缝构造和补强设计及刚柔过渡设计图等。比例尺采用1:50～1:500。

16）平曲线上路面加宽表

列出平曲线交点（交点号、桩号）、半径、加宽宽度、圆曲线长度、缓和长度、加宽长度及面积等。

17）路基、路面排水工程数量表

列出起讫桩号、工程名称、单位、断面形式和主要尺寸说明、工程及材料数量（包括边沟、跌水井、排水沟、截水沟、盲沟、急流槽等）。

农村公路对原有排水方式改变较小，一般不设置排水设施，对于过村、山区路段确需设置时可采用矩形边沟、暗埋式边沟等形式，对于因农村公路建设改变原有排水方式的应专门设计。

18）路基、路面排水工程设计图

绘出各项排水工程平面布置、立面、断面及结构设计图和有关大样图。比例尺采用1:20～1:200。列出急流槽、集水井与横向排水管的设置位置及每延米或每处工程数量表。

19）养护项目

（1）说明：

①养护范围和养护路段基本技术资料；

②设计方案；

③相关问题解决方案；

④材料组成及技术要求；

⑤施工要求及注意事项；

⑥附件。

（2）标准横断面图，参考4.2.3第2）条。

（3）路面病害调查统计表。

按照养护类型编制表格，根据工程实际情况确定病害统计单元长度（一般建议为500m），列出病害统计单元起止桩号，分类型统计不同严重程度的病害总面积等。

（4）路面病害及处治分布图。

本图包括各类病害信息及局部处治段落分布情况。病害信息应包括病害类型、位置、长度、宽度、严重程度等；局部处治段落应标出起讫桩号、治理深度、横向范围等，简要标出桥涵构造物、交叉口等的位置。坐标尺最小单位为25m，病害治理位置精确到1m。

（5）路面病害处治数量表。

路面局部病害治理工程数量表应列出路面局部挖补治理段落起讫桩号、长度、宽度、方向及车道位置、处治方案、主要病害类型等信息。工程数量表应列出路面的铣刨或挖除工程量、新铺工程量（包括路面结构层和层间功能层等）、细部工程量（包括侧壁涂刷沥青、封缝等）和其他工程量等（包括路肩石、培土路肩等工程数量等）。表中应详细列出加铺材料名称、厚度等。

（6）路面病害处治设计图。

本图包括路面结构、路段衔接和路面局部挖补等设计图。

路面结构设计图应以横断面图的方式示出原路面结构和改造后路面结构，此外应有路面边缘设计，标示各结构层在路面边缘的尺寸，以及与路缘石、路肩石等附属设施相接处的细部设计。封层、黏层和透层等应列出具体材料和撒布量。

路段衔接设计图应明确衔接段长度，纵向路面搭接方案等。

路面局部挖补设计图应示出治理位置、宽度，明确铣刨结构层厚度，回铺结构层厚度及材料，封层、黏层和透层等应列出具体材料和撒布量等,多层铣刨回铺应标明横向和纵向台阶宽度。

图中应详细列出加铺材料名称、厚度等。

(7)平面交叉加铺工程数量表。

本表列出平面交叉位置、被交路宽度、顺接长度、衔接铣刨工程数量、新铺工程量(包括路面结构层和层间功能层等)和其他工程量等。表中应详细列出加铺材料名称、厚度等。本表应扣除主线部分工程量。

(8)平面交叉加铺处理设计图。

绘制平交口平面和断面图,示出被交路与主线的衔接方式,被交路路面和路基宽度、处治范围以及加铺路面结构等。图中应详细列出加铺材料名称、厚度等。

(9)路基、路面排水工程数量表。

本表列出起讫桩号、路段长度、工程名称、工程数量等(包括边沟、排水沟、截水沟、盲沟、急流槽、跌水、超高段排水措施及地下排水设施等)。

(10)路基、路面排水工程设计图。

绘出各项排水工程平面、立面、断面及结构设计图和有关大样图,应列出每延米或每处工程数量表。

(11)路基防护工程数量表。

本表列出起讫桩号、工程名称、路段长度、填土高度、工程数量等。

(12)路基防护工程设计图。

绘出各项防护工程平面、立面、断面及结构设计图和有关大样图。应给出每延米工程数量表。

4.2.4 第四篇 桥梁、涵洞

1)说明

(1)概述。写明桥涵位置、中心桩号、起终点桩号、孔数-孔径、夹角,上、下部结构形式,涵长、洞口形式、桥宽及桥面横坡等信息。若采用漫水桥,应从桥梁所在路线的功能定位、附近桥梁布置情况等方面,说明设置漫水桥的原因及情况。涉及改扩建的桥梁、涵洞还应写明原桥的结构形式、设计标准、荷载等级等情况。

(2)设计依据及规范。列明设计的批复文件等设计依据及相关规范。

(3)设计标准。列明设计荷载等级、洪水频率、抗震设防烈度、地震动峰值加速度、环境类别、桥面宽度,上、下部结构形式。涉及漫水桥的,桥墩应优先考虑桩柱式结构。

(4)主要材料。列出相关材料的标号、型号、尺寸及性能指标等材料要求。

(5)设计要点。结构分析计算及计算参数的选取情况。上、下部结构形式、洞口形式、桥面铺装设计;耐久性设计、抗震设计。改扩建工程还应当进行新、旧构造物搭接设计。

(6)施工要点及注意事项。模板搭设、施工放样、混凝土浇筑、管节运装等的施工工艺、材料要求及质量检验标准及其他施工注意事项。改扩建工程还应当包含与旧构造物的搭接处理注意事项。

(7)其他。其他应尽事宜,环保设计、安全生产等要求。

2)桥梁工程数量表

列出桥名、交角、孔数-孔径、全长、上下部结构类型、采用标准图或通用图编号、上下部构造、墩台工程、材料数量等。涉及拼宽的桥梁还应列出新建、连接部、拆除原有结构的材料数量。

3）桥梁设计图

（1）布置图。绘出立面（或纵断面）、平面、横断面。示出河床断面，注明特征水位、各部尺寸、高程和里程。比例尺采用1:50～1:200。

（2）结构设计图。绘出上下部结构、基础及其他细部结构设计图。比例尺采用1:50～1:200；细部结构可采用1:5～1:50。当采用标准图时，应在桥型布置图中注明采用的标准图名称及编号。

4）涵洞工程数量表

本表列出中心桩号、交角、孔数-孔径、涵长、结构类型、进出口形式；采用标准图或通用图编号、工程、材料数量等。

5）涵洞设计图

（1）布置图。绘出设置涵洞处原地面线及涵洞纵向布置；斜涵应绘出平面和进口的立面。示出各部尺寸和高程。示出原涵长度、加长长度、连接大样说明、涵洞结构形式、洞口部分拆除情况。比例尺采用1:50～1:200。

（2）结构设计图。采用标准图或通用图的，在布置图中注明标准图或通用图的名称及编号，不再绘本图。特殊设计的（包括进出口式样特殊或铺砌复杂的）应绘各部详图。

6）养护项目

（1）说明。

①概述。病害桥梁所在道路的整体情况；病害桥涵的基本情况。

②设计规范及依据。列明设计的批复文件等设计依据及相关规范。

③桥梁检查结论。含桥涵技术状况评定结果等。

④桥梁病害现状及原因分析。含桥涵病害位置、病害形式、病害程度及病害产生的原因。

⑤设计方案。设计原则及桥涵病害治理方案。

⑥主要材料。列出本工程的相关材料的标号、型号、尺寸及性能指标等材料要求。

⑦施工要点及注意事项。有关模板搭设、混凝土浇筑等的施工工艺、材料要求及质量检验标准及其他施工注意事项。

⑧其他。环保设计、安全生产等要求。

（2）桥涵养护工程数量表。

本表列出桥涵桩号、交角、孔数及孔径、全长、上下部结构类型、病害类型、拆除量、材料数量等。

（3）桥涵养护工程设计图。

桥梁病害治理工程对应的病害的处治图：桥面系病害处治图、上部结构病害处治图、下部结构病害处治图等。

4.2.5 第五篇 隧道

1）说明

（1）设计依据以及总体原则。

（2）可行性研究报告批复意见以及相关咨询意见的执行情况。

（3）原有隧道概况。分项说明改建隧道设计标准，利用、改建隧道现状及检测的主要结论，利用、改建隧道结构分析计算情况说明，各类支护衬砌结构设计说明。

（4）隧道设计。

（5）特殊地质条件下隧道设计。

（6）辅助坑道设计。

（7）隧道施工监控预测、地质预报设计。

(8)隧道机电设施设计(包括监控、通风、标志、消防及救援设施、照明、供配电等)的说明。

(9)环境保护设计。

(10)施工方法及注意事项。改建项目应包括施工组织。

2)利用或改建隧道表

列出进出口的桩号、平纵面指标、围岩分级、支护衬砌类型、施工方法、修建时间、结构现状及利用情况。

3)隧道表

列出隧道名称、起讫桩号、长度、净空、洞内路线线形(纵坡及坡长)、平曲线半径及平曲线长度、工程地质说明、围岩级别及衬砌长度(含明洞)、洞门形式(进口、出口)、照明、通风方式等。

4)隧道工程数量表

列出洞身工程(开挖、初期支护、二次衬砌)、洞口工程(洞门、明洞、截水沟等)、防排水工程(洞身防水、洞身排水、路面排水)、横洞、预留洞室、路面、通风、照明、消防、供配电等的工程,机电设施的预埋件、材料数量。

5)隧道设计图

(1)隧道(地质)平面图。示出地形、地物、导线点、坐标网格、路线线形及交点要素,地层的岩性、界线、地质构造及其产状等。绘出隧道洞口、洞身、斜井、竖井、避车洞,标出钻孔、坑探、槽探和物探测线等位置及编号。比例尺采用1:1000~1:2000。

(2)隧道(地质)纵断面图。示出地面线,钻孔柱状图式、坑探、槽探和物探测线位置,地层和构造带的岩性、产状及界面线;绘出隧道进口位置及桩号、洞身、斜井、竖井、避车洞及消防等设施预留洞等。图的下部各栏示出工程地质、水文地质、坡度及坡长、地面高程、设计高程、里程桩号、围岩级别、衬砌形式及长度。水平比例尺采用1:1000~1:2000;垂直比例尺采用1:500~1:2000。

(3)隧道(横洞)建筑限界及内轮廓图。按不同类型分别绘制。比例尺采用1:100~1:200。

(4)隧道一般设计图。按不同型式绘出洞口、洞门、洞身立、纵、平面的一般设计图,标注各部尺寸,比例尺采用1:100~1:200。

(5)隧道结构设计图。绘出洞口及洞门、洞身及衬砌(明洞衬砌、复合式衬砌等)、斜井、竖井、防水与排水、避车洞等图。比例尺采用1:5~1:200。

(6)隧道超前支护设计图。

(7)特殊地质隧道支护衬砌结构设计图。

(8)隧道不良地质处治设计图。

(9)隧道施工方案图。

(10)隧道施工监控量测设计图。

(11)隧道地质超前预报图。

(12)隧道各类辅助坑道平、纵面(地质)支护衬砌设计图。

(13)隧道弃渣场地图。

(14)隧道施工场地布置图。

(15)隧道路面工程设计图。

(16)地下风机房设计图。

6)隧道机电设施

(1)入口设施设计图。

(2)通风设施设计图。

(3)照明设计图。

(4)供配电设计图。

(5)消防设计图。
(6)紧急救援设计图。
(7)通风与照明控制设施设计图。

7)养护项目

(1)说明：
①隧道养护工程基本概况。
②隧道病害调查与检测评价。
③隧道养护工程设计标准及方案。
④材料性能要求、主要施工工艺、质量验收标准等。
⑤施工方法及注意事项。

(2)隧道养护工程处治方案一览表。此表列出处治部位、方案、参数、段落长度等。

(3)隧道病害展布图。在此图上绘制病害及缺陷，并给出相应的处治方案。

(4)衬砌结构处治设计图。绘制相关的处治设计图(含细部构造)，如粘贴钢板(带)、套拱、嵌入钢拱架、锚喷加固、换拱等图件。

(5)隧底处治设计图。绘制相关的处治设计图(含细部构造)，如隧底基础加固、拱脚锁脚、更换或增设仰拱等图件。

(6)洞口处治设计图。绘制相关的处治设计图(含细部构造)，如洞门墙、边仰坡、洞口排水设施、防护网设计等图件。

(7)其他养护工程设计图。其他必要的设计图件。

4.2.6　第六篇　路线交叉

1)说明

(1)可行性研究报告批复意见执行情况。

(2)路线交叉(平面交叉等)设计的说明。

(3)施工方法及注意事项。

2)平面交叉设计图表

(1)平面交叉设置一览表。列出沿线各平面交叉的中心桩号、被交叉路名称及等级、交叉形式、交角、路面宽度、路面类型。

(2)平交口被交路工程数量表。列出沿线各平面交叉的中心桩号、起讫点桩号、被交叉路名称及等级、交叉形式、交角、路面宽度、路面类型及工程数量。

(3)平面交叉布置图。绘出地形、地物、主线、被交叉公路或铁路、交通岛，注出交叉点桩号及交角、管线及排水设施等的位置。比例尺采用1:500~1:2000。

对于小交通量农村公路相交，可采用仅设置加铺转角等简易平交方式。

3)养护项目

养护项目本篇内容放入"第三篇　路基、路面"中。

4.2.7　第七篇　绿化

1)说明

(1)可行性研究报告批复意见执行情况。

(2)设计依据、原则及理念。包括设计依据，相关部门和业主的意见及落实情况，公路工程及设施与沿线自然环境的协调情况及采取的措施，设计理念等。

(3)设计方案及植物特性。

(4)施工中的环境保护措施及注意事项。

2)绿化数量表

3)绿化设计图

绘出各区段绿化设计图及大样图；绘出硬质景观设计图及大

样图。

4.2.8　第八篇　其他工程

1）说明

（1）可行性研究报告批复意见执行情况。

（2）改渠工程。

（3）客运汽车停靠站。

（4）施工方法及注意事项。

2）线外改渠工程数量表

本表列出改移河道的桩号、数量等。

3）客运汽车停靠站候车亭数量表

本表列出客运汽车停靠站的桩号、候车亭数量等。

4）客运汽车停靠站设计图

本图绘出客运汽车停靠站的具体布置。

4.2.9　第九篇　筑路材料

1）说明

（1）可行性研究报告批复意见执行情况。

（2）沿线筑路材料质量、储量及采运条件。

（3）旧路面材料利用、储运及相关资料。

2）沿线筑路材料料场表

本表列出料场编号、材料名称、料场位置和名称、料场说明、储藏量、上路桩号、材料运距、开采时间、运输方式、通往料场的道路情况等。

3）试验结果汇总表

分别列出砂、土、石、水、石灰、粉煤灰、沥青、水泥等不同原材料的物理力学性质（必要时包括化学性质），及路基、路面、桥梁、防护等工程设计中所需的混合料的试验结果，并列出各种材料的料场或产地等。试验项目应根据设计所需而定。

4）沿线筑路材料供应示意图

示出路线的桩号、大桥、中桥及两侧主要料场的位置、材料上路桩号及距离。大桥应分别计算运距。中桥及大型挡土墙也可分别计算运距。路面及其他构造物等可全线分段计算平均运距。计算运距时可根据施工组织设计及招标段落划分情况，考虑集中预制、集中拌和因素，计算各项工程原材料、成品及半成品的运距。

4.2.10　第十篇　施工组织计划

1）说明

（1）可行性研究报告批复意见执行情况。

（2）施工组织计划。包括施工期限的总体安排，控制性工程项目的施工；主要工程、控制工期的工程和特殊工程的施工组织；临时工程的安排等。

（3）交通组织设计。包括交通组织应急预案及保障措施和临时交通工程及沿线设施设计。

2）施工便道主要工程数量表

本表列出施工便道的长度、宽度、路基路面数量、防护工程圬工数量、便桥数量等。

3）其他临时工程数量表

包括独立便桥、预制场、拌和场、施工场地、电力线等。列出地点或桩号、工程名称、工程说明、工程数量等。

4）公路临时用地表

本表列出位置或桩号、工程名称、隶属（县、乡、个人）、长度、宽度、土地类别及数量等。

5）临时交通工程设置一览表

本表列出序号、名称、单位及数量、备注等情况

6）施工期临时交通组织设计图

本表为保持原有公路畅通及地方道路的通行而设置的临时工程设计图。

4.2.11 第十一篇 施工图预算

施工图预算应按交通运输部现行《公路工程建设项目概算预算编制办法》《公路工程预算定额》《农村公路养护预算编制办法》及其他相关规定编制。

1）施工图预算说明

对施工图预算、编制依据、有关单价及费用标准、与批复的估算对比情况等内容进行说明。

2）预算表

(1)总预算表(01表)。

(2)人工、主要材料、施工机械台班数量汇总表(02表)。

(3)建筑安装工程费计算表(03表)。

(4)综合费率计算表(04表)。

(5)综合费计算表(04-1表)。

(6)专项费用计算表(06表)。

(7)工程建设其他费计算表(08表)。

(8)人工、材料、施工机械台班单价汇总表(09表)。

(9)分项工程预算计算数据表(21-1表)。

(10)材料预算单价计算表(22表)。

(11)施工机械台班单价计算表(24表)。

4.3 基础资料

各级政府相关部门的批准文件,平面控制测量、高程控制测量资料,原有公路路基、路面、桥涵检测与评价等资料。

5 设计成果的提交

5.1 施工图设计文件和设计图纸的幅面尺寸

施工图设计文件幅面尺寸,应采用297mm×420mm(横式)和210mm×297mm(立式)。设计文件应装订成册,每册不宜过厚或过薄,以便于使用和保管。

施工图设计图纸的幅面尺寸,一般采用297mm×420mm。必要时可增大幅面,其尺寸应符合国家现行《道路工程制图标准》的规定。送审的图纸应按297mm×420mm折叠,也可按210mm×297mm折叠。

5.2 施工设计文件的有关要求

(1)封面。施工图设计文件每册封面上一般应列出项目名称、设计阶段及册数(第××册 共××册)、测设单位名称、设计文件编制年月。

(2)扉页内容。施工图设计文件每册扉页的内容,应包括项目名称、设计阶段及册数(第××册 共××册)、主办单位、勘察设计证书等级及编号、各级负责人签署、参加测设人员姓名、职务、职称及工

作项目或内容、设计文件编制年月。

（3）总目录。施工图设计文件每册应有总目录，总目录中的当前册内容应加粗显示。总目录中应列出各条路线及路段的起讫桩号及路段长度。

（4）图表。设计文件中的图表均应由相应资格的设计、复核、审核人员签署。

（5）封面颜色。送审的施工图设计文件封面颜色，为奶油白色或象牙白色。

5.3 路线平纵面图等的起讫方向和里程桩号之相关规定

路线平纵面缩图、路线平面图、路线纵断面图等的起讫方向均应从左到右，里程桩号由小到大，标注的字头向上。

5.4 设计文件中的计量单位和工程名词之相关规定

设计文件中的计量单位，应采用《中华人民共和国法定计量单位》；公路工程名词，应采用《公路工程技术标准》《公路工程名词术语》《道路工程术语标准》及有关技术规范、规程所规定的名词，无规定时可采用习惯使用的名词。

6 河北省农村公路项目设计文件图表示例

第一部分
河北省农村公路新改建项目设计文件图表示例

河北省农村公路新改建项目设计文件图表示例目录

序号	图表名称	图表编号	页数	页码	序号	图表名称	图表编号	页数	页码
	第一篇　总体设计	S1		20	15	沿线标志、标线平面布置图	S2-2-3	1	44
1	地理位置图	S1-1	1	21	16	安全设施设置一览表	S2-2-4	1	45
2	说明书（扼要介绍项目概况）	S1-2	3	22	17	交通标志材料数量汇总表	S2-2-5	1	46
3	路线平、纵面缩图	S1-3	1	25	18	标志版面布置图	S2-2-6	1	47
4	主要技术经济指标表	S1-4	1	26	19	标志一般构造图	S2-2-7	2	48
5	公路平面总体设计图	S1-5	1	27	20	主线标线设计图	S2-2-8	1	50
	第二篇　路线	S2		28	21	减速标线设计图	S2-2-9	1	51
	路线	S2-1			22	平面交叉口标线设计图	S2-2-10	1	52
1	路线说明	S2-1-1	2	29	23	路侧波形梁护栏一般构造图	S2-2-11	1	53
2	路线平面图	S2-1-2	1	31	24	道口标柱设计图	S2-2-12	1	54
3	路线纵断面图	S2-1-3	1	32	25	里程碑、百米桩一般构造图	S2-2-13	1	55
4	直线、曲线及转角表	S2-1-4	1	33		第三篇　路基、路面	S3		56
5	纵坡竖曲线表	S2-1-5	1	34	1	路基、路面说明	S3-1	2	57
6	公路用地表	S2-1-6	1	35	2	路基标准横断面图	S3-2	1	59
7	公路用地图	S2-1-7	1	36	3	一般路基设计图	S3-3	2	60
8	砍树挖根数量表	S2-1-8	1	37	4	路基横断面设计图	S3-4	1	62
9	拆除圬工数量表	S2-1-9	1	38	5	超高方式图	S3-5	1	63
10	逐桩坐标表	S2-1-10	1	39	6	耕地填前夯（压）实数量表	S3-6	1	64
11	控制测量成果表	S2-1-11	1	40	7	低填浅挖路基处理工程数量表	S3-7	1	65
12	点之记	S2-1-12	1	41	8	低填浅挖路基处理设计图	S3-8	1	66
	安全设施	S2-2			9	路基每公里土石方数量表	S3-9	1	67
13	安全设施说明	S2-2-1	1	42	10	路基防护工程数量表	S3-10	1	68
14	安全设施工程数量汇总表	S2-2-2	1	43	11	路基防护工程设计图	S3-11	2	69

— 17 —

续上表

序号	图 表 名 称	图表编号	页数	页码	序号	图 表 名 称	图表编号	页数	页码
12	路面工程数量表	S3-12	1	71	15	管节基础图	S4-2-6	1	97
13	路面结构图	S3-13	3	72		第五篇 隧道(本项目无隧道)	S5		98
14	水泥混凝土路面设计图	S3-14	1	75		第六篇 路线交叉	S6		99
15	平曲线路面加宽表	S3-15	1	76	1	路线交叉说明	S6-1	1	100
16	路基、路面排水工程数量表	S3-16	1	77	2	平面交叉设置一览表	S6-2	1	101
17	路基、路面排水工程设计图	S3-17	2	78	3	平交口被交路工程数量表	S6-3	1	102
	第四篇 桥梁、涵洞	S4		80	4	一般平面交叉布置图	S6-4	2	103
	桥梁	S4-1				第七篇 绿化	S7		105
1	桥梁设置一览表	S4-1-1	1	81	1	绿化说明	S7-1	1	106
2	桥梁说明	S4-1-2	2	82	2	绿化数量表	S7-2	1	107
3	桥梁工程材料数量表	S4-1-3	1	84	3	绿化设计图	S7-3	1	108
4	桥型布置图	S4-1-4	1	85		第八篇 其他工程	S8		109
5	横向一般布置图	S4-1-5	1	86	1	其他工程说明	S8-1	1	110
6	现浇实心板钢筋构造图	S4-1-6	1	87	2	线外改渠工程数量表	S8-2	1	111
7	桥台一般构造图	S4-1-7	1	88	3	客运汽车停靠站候车亭数量表	S8-3	1	112
8	桥台台帽钢筋构造图	S4-1-8	1	89	4	客运汽车停靠站设计图	S8-4	1	113
9	护柱钢筋构造图	S4-1-9	1	90		第九篇 筑路材料	S9		114
	涵洞	S4-2			1	筑路材料说明	S9-1	1	115
10	涵洞设置一览表	S4-2-1	1	91	2	沿线筑路材料料场表	S9-2	1	116
11	涵洞说明	S4-2-2	2	92	3	石料试验结果汇总表	S9-3	1	117
12	涵洞工程材料数量表	S4-2-3	1	94	4	沿线筑路材料供应示意图及运距	S9-4	1	118
13	一般布置图	S4-2-4	1	95		第十篇 施工组织计划	S10		119
14	整体管构造图	S4-2-5	1	96	1	施工组织计划说明	S10-1	1	120

续上表

序号	图 表 名 称	图表编号	页数	页码	序号	图 表 名 称	图表编号	页数	页码
2	施工便道主要工程数量表	S10-2	1	121	4	建筑安装工程费计算表	S11-4	1	130
3	其他临时工程数量表	S10-3	1	122	5	综合费率计算表	S11-5	1	131
4	公路临时用地表	S10-4	1	123	6	综合费计算表	S11-6	1	132
5	临时交通工程设置一览表	S10-5	1	124	7	专项费用计算表	S11-7	1	133
6	施工期临时交通组织设计图	S10-6	1	125	8	工程建设其他费计算表	S11-8	1	134
	第十一篇 施工图预算	S11		126	9	人工、材料、施工机械台班单价汇总表	S11-9	1	135
1	施工图预算说明	S11-1	1	127	10	分项工程预算计算数据表	S11-10	1	136
2	总预算表	S11-2	1	128	11	材料预算单价计算表	S11-11	1	137
3	人工、主要材料、施工机械台班数量汇总表	S11-3	1	129	12	施工机械台班单价计算表	S11-12	1	138

第一篇 总体设计

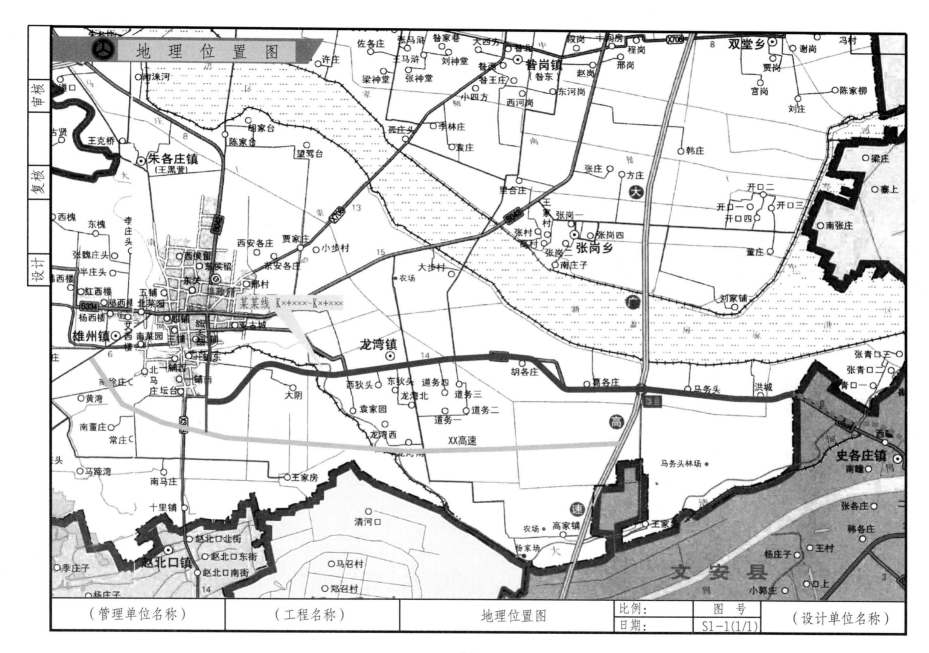

说明书(扼要介绍项目概况)

1 任务依据及测设经过

1.1 项目测设的主要依据

与业主单位签订的本项目勘察设计合同、本项目的可行性研究报告及批复(批复文号)、项目业主的有关文件及指示精神等、施工图设计指导书、国家及地方相关行业标准、规范、规程及法律、法规、设计文件编制办法等。

1.2 项目测设经过

按时间节点说明施工图设计各环节、各专业的主要经过。

1.3 利用和废弃原有公路、桥涵及其他构造物的情况

详细介绍本项目中对原有公路、桥涵及其他构造物的利用和废弃情况。

2 技术标准

详细介绍本项目全线采用的公路技术标准。建议以表格形式列出,包括设计速度、路基宽度、路面宽度、最小平曲线半径、最大纵坡、竖曲线最小半径等。其余指标均按现行有关规范执行。

主要技术指标,见表6.1-1。

主要技术指标表　　　　　　表6.1-1

序号	指标名称		单位	技术标准	
				规范值	采用值
1	公路等级		—		
2	设计速度		km/h		
3	路基宽度		m		
4	路面宽度		m		
5	行车道宽度		m		
6	平曲线	一般最小半径	m		
		极限最小半径	m		
7	最大超高		%		
8	不设超高最小平曲线半径		m		
9	最大纵坡		%		
10	最小坡长		m		
11	凸形竖曲线最小半径		m		
12	凹形竖曲线最小半径		m		
13	竖曲线最小长度		m		
14	会车视距		m		
15	设计洪水频率	路基			
16	……				

3 路线起讫点、主要控制点、全长、沿线主要城镇、河流、公路及铁路等及工程概况

根据实际情况描述路线的起讫点、路线长度、主要控制点和走向。介绍沿线的主要城镇、河流、公路、铁路、交叉管线等。

详细描述本项目的工程概况，包括主要建设规模和采用的主要技术指标，标段的划分情况，坐标及高程系统和施工图设计的总体方案。施工图设计总体方案应按照路线、路基路面及排水防护、桥梁涵洞、路线交叉等专业，分专业依次介绍。

4 本项目可行性研究报告批复意见执行情况

逐项列出可行性研究报告批复意见及执行情况。与可行性研究报告批复意见的设计方案等如有不一致应说明变更依据及理由。

5 建设条件

5.1 沿线地形、地质、地震、气候、水文等自然地理特征及其与公路建设的关系

详细介绍本项目所在区域的地形地貌、工程地质、气象情况、水文地质、地质构造、区域地震基本烈度及稳定性评价等自然地理特征。

5.2 筑路材料、水、电等建设条件及与本项目建设的关系

简要介绍本项目所需主要材料的分布情况及运输条件。其包括水泥、木材、沥青、砂、石灰、粉煤灰、碎石及块、片石和工程用水、用电等。

5.3 与周围环境和自然景观协调情况

简要介绍本项目对周围环境和自然景观的影响，包括路线走向、取土及水土保持、绿化及植被恢复和施工、运营期间对周围环境的影响。

5.4 原有建筑材料的废弃与利用情况

对原有建筑材料的废弃与利用情况。

6 各项工程施工的总体实施步骤的建议及有关工序衔接的技术问题的说明及有关注意事项

详细介绍施工期限的总体安排，关键工程项目的施工方案比较、论证情况。

详细介绍主要工程、控制工期的工程和特殊工程的施工方案，包括准备工作、材料开采和运输、路基工程、路面工程、桥涵工程、沿线设施及环境保护工程、交通工程。

7 新技术、新材料、新设备、新工艺的采用等情况

简要介绍本次勘察设计中应用的新技术、新材料、新设备和新工艺等。

8 与有关部门的协商情况

按照实际发生情况,说明与土地规划、铁路、水利、公路、管线等部门的协调结果,详见附件。

9 附件

可行性研究报告批复意见、测设合同的必要内容、有关指示、协议和纪要等复印件。

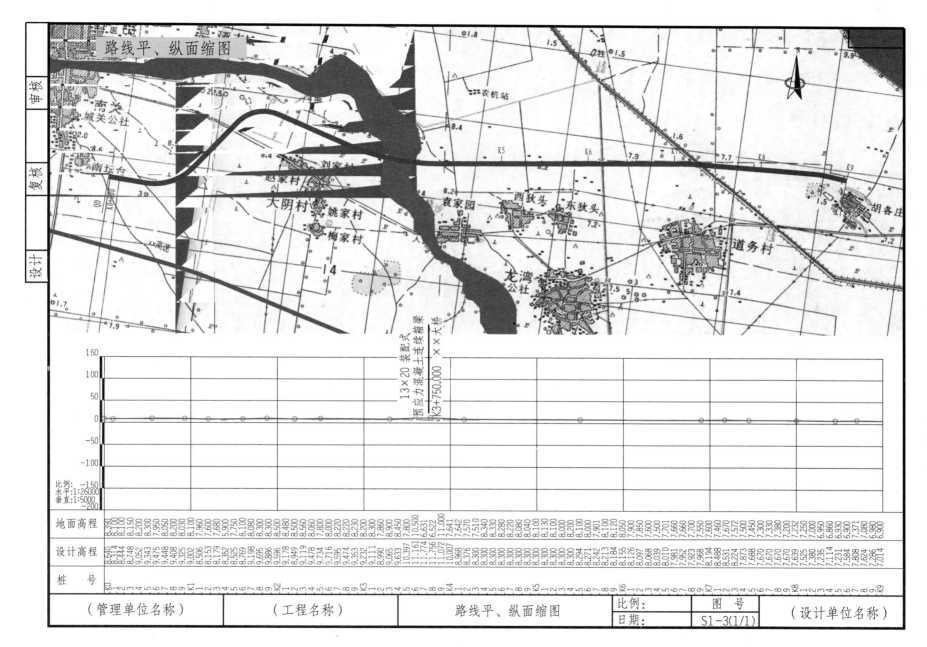

路线平、纵面缩图

主要技术经济指标表

项目名称：

S1-4(1/1)

序号	指标 名 称		单 位	数 量	备 注	序号	指标 名 称		单 位	数 量	备 注
	一、基本指标						石方	挖方	万 m³		
1	公路等级		级					借方	万 m³		
2	设计速度		km/h			23	平均每公里土石方		万 m³		
3	新增占地		亩			24	路面				
4	施工图预算金额		亿元				（1）沥青混凝土		万 m²		
5	平均每公里造价		万元				（2）水泥混凝土		万 m²		
6	拆迁房屋		m²				四、桥梁、涵洞				
	二、路线					25	汽车荷载等级				
7	路线全长		km			26	桥面净宽		m		
8	路线增长系数					27	大桥		m/座		
9	平均每公里交点数		个			28	中桥		m/座		
10	平曲线最小半径		m/个			29	小桥		m/座		
11	平曲线占线路总长		%			30	涵洞		道		
12	直线最大长度		m			31	平均每公里大、中桥长		m		
13	最大纵坡		%/处			32	平均每公里小桥长		m		
14	竖曲线最小半径					33	平均每公里涵洞数		道		
	（1）凸形		m/处				五、路线交叉				
	（2）凹形		m/处			34	平面交叉		处		
15	最短坡长		m				六、绿化				
16	竖曲线占路线总长		%			35	绿化		公路公里		
17	平均每公里纵坡变坡次数		次				七、其他工程				
18	路基平均填土高度		m			36	线外改渠		m		
19	路基平均挖方高度		m			37	客运汽车停靠站		个		
20	安全设施		公路公里								
	三、路基、路面										
21	路基宽度		m								
22	路基土石方数量										
	土方	挖方	万 m³								
		借方	万 m³								

编 制： 复 核：

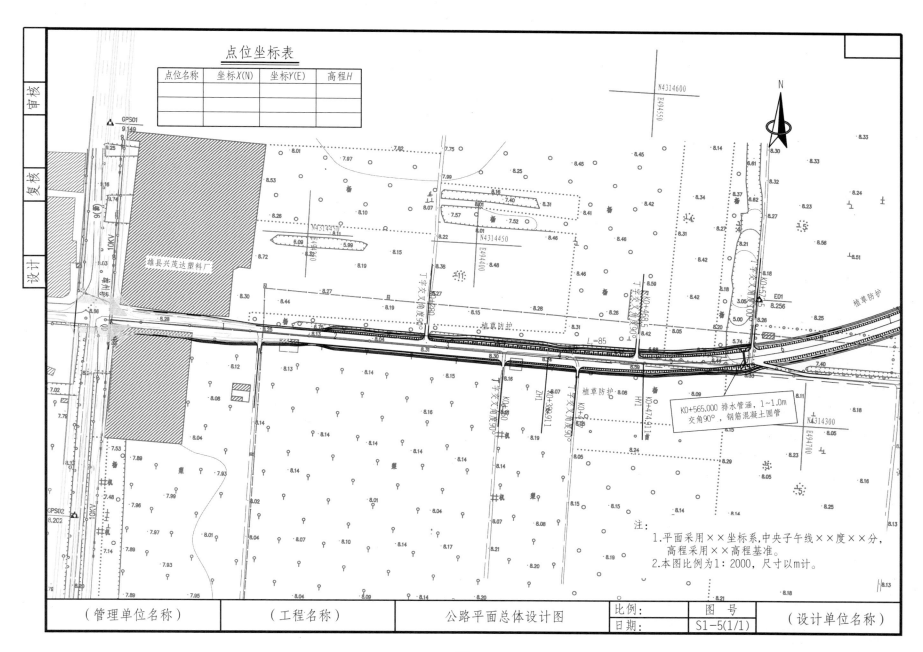

第二篇 路　　线

路 线 说 明

1 可行性研究报告批复意见执行情况

建设规模、技术标准按可行性研究报告批复意见执行，路线方案符合可行性研究报告的批复要求。所拟定的设计方案如有不一致应说明变更依据及理由。

概述施工图设计阶段对上阶段的优化设计。

2 路线平面、纵断面设计说明

（1）技术指标

详细描述本项目路线的技术标准，建议以表格形式列出，包括建设标准、设计速度、路基宽度、桥涵设计汽车荷载等级、大中小桥设计洪水频率等。其余指标均按现行《小交通量农村公路工程技术标准》（JTG 2111—2019）及有关设计规范执行。

（2）路线走向及设计范围

对路线走向及设计范围进行详细描述，包括沿线主要城镇、公路、铁路及河流等。

（3）平、纵面设计线位置

对平面设计线、设计高程和超高旋转轴的位置进行描述。

（4）路线平纵面设计

对路线平面、纵断面的设计原则和采用的技术指标进行描述，建议以表格形式列出。其主要包括路线设计全长、平曲线设置个数、最小圆曲线半径、最大圆曲线半径、平曲线占路线总长、竖曲线设置个数、最大纵坡、最短坡长、竖曲线占路线总长等（见表6.1-2）。

路线技术指标表　　表6.1-2

序号	项目	规范要求值	设计采用值
1	公路等级		
2	设计速度		
3	路基宽度		
4	行车道宽度		
5	最大偏角		
6	最小偏角		
7	最小平曲线半径		
8	最大直线长		
9	最短直线长		
10	最大纵坡		

续上表

序号	项 目		规范要求值	设计采用值
11	最小坡长			
12	竖曲线最小半径	凸形		
		凹形		
13	平曲线占路线总长			
	路线增长系数			

3 施工注意事项

详细介绍本项目施工过程中应特别注意的事项,如保护和加固导线点;严格控制各变坡点,不得随意变更;对小桥涵进行施工放样等事项。

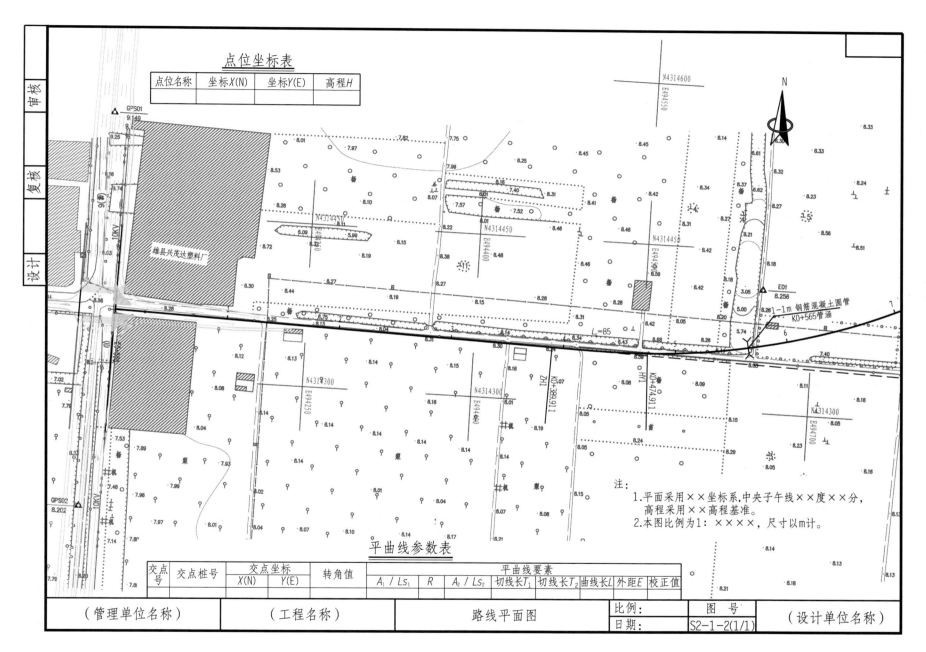

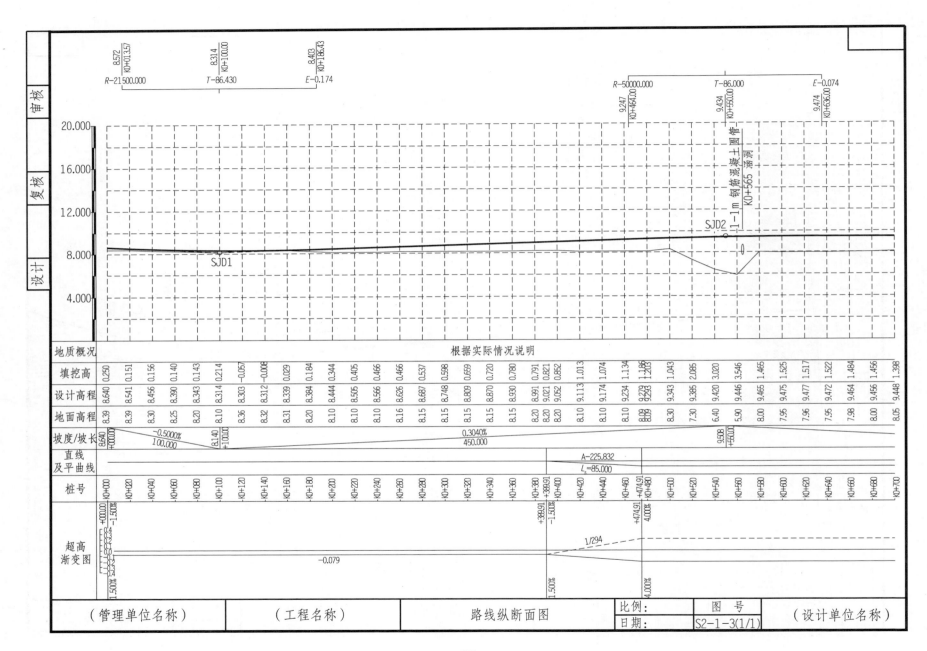

交点号	交点坐标		交点桩号	转角值		曲线要素值(m)										曲线位置					其他参考值			备注
				左转 (°′″)	右转 (°′″)	半径 R	第一缓和曲线参数 A_1	第一缓和曲线长度 L_1	第二缓和曲线参数 A_2	第二缓和曲线长度 L_2	一切线长度 T_1	二切线长度 T_2	曲线长度 L	外矢距 E	第一缓和曲线起点 ZH	第一缓和曲线终点 HY(ZY)	曲线中点 QZ	第二缓和曲线起点 YH(YZ)	第二缓和曲线终点 HZ	直线长度(m)	交点间距(m)	计算方位角(°′″)	
	X	Y																						

审核　复核　设计

（管理单位名称）　　（工程名称）　　直线、曲线及转角表　　比例：　图号 S2-1-4(1/1)　日期：　（设计单位名称）

序号	变坡点桩号	高程(m)	纵坡(%)	坡长(m)	竖曲线要素及曲线位置								直坡段长(m)	备 注
					坡差(%)	半径(凸)	半径(凹)	T	L	E	起点	终点		
合计														

审核　复核　设计

（管理单位名称）　（工程名称）　纵坡竖曲线表　比例：　图号 S2-1-5(1/1)　日期：　（设计单位名称）

公 路 用 地 表

项目名称：

S2-1-6(1/1)

序号	起讫桩号	所属乡镇	长度(m)	占地面积(亩)	原占地宽度(m)	原路占地面积(亩)	平交口新增占地面积(亩)	公路新增占地面积(亩)	占地类型及数量(亩)							备注
									耕地	山区用地	果园	林地	鱼塘	宅基地	建筑用地	河滩	
		合 计															

编制： 复核：

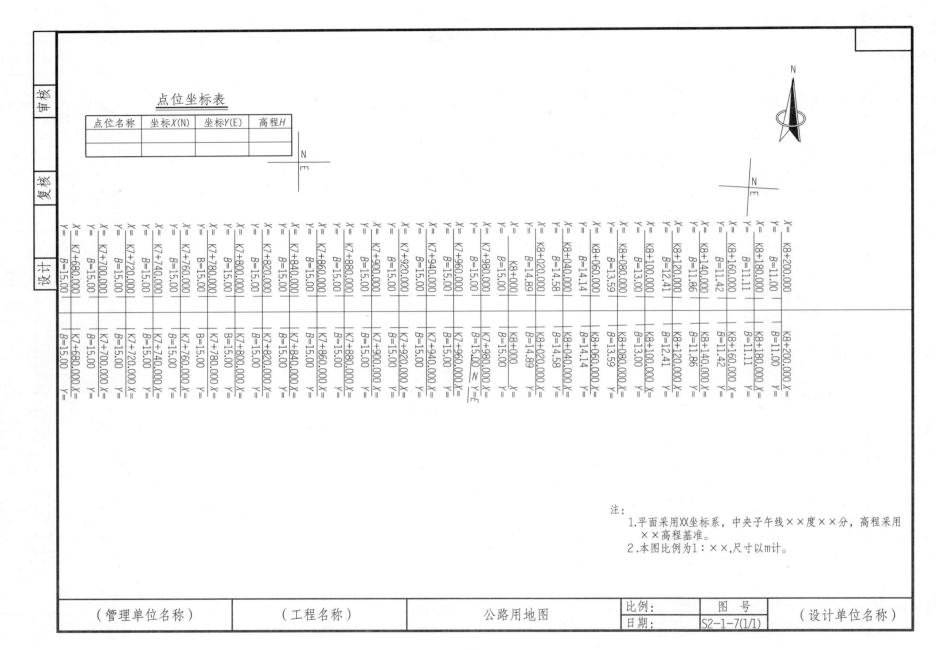

砍树挖根数量表

项目名称：   S2-1-8（1/1）

序号	项目路段	起止桩号	道路等级	路段长度 (m)	工程数量			备注
					除草 (m²)	砍树挖根（直径10cm以下）（棵）	砍树挖根（直径10cm以上）（棵）	
总 计								

编 制：   复 核：

拆除圬工数量表

项目名称：

S2-1-9(1/1)

序号	项目路段	起止桩号	道路等级	路段长度 (m)	工程数量 拆除砌体圬工 (m³)	备注
	总　计					

编制：　　　　　　　　　　　　　　　　　　　　　　　　　复核：

桩号	坐标	
	X	Y

桩号	坐标	
	X	Y

桩号	坐标	
	X	Y

桩号	坐标	
	X	Y

（管理单位名称） （工程名称） 逐桩坐标表 比例： 图号 S2-1-10(1/1) （设计单位名称）

控制测量成果表

项目名称：　　　S2-1-11(1/1)

点 号	坐 标		高 程	备 注	点 号	坐 标		高 程	备 注
	X	Y	H			X	Y	H	

注：
1. 本项目平面采用××坐标系，中央子午线××:××度。
2. 高程采用××高程系统。

编　制：　　　　　　　　　　　　　　　　　　　　　　　　　　　　　　　　复　核：

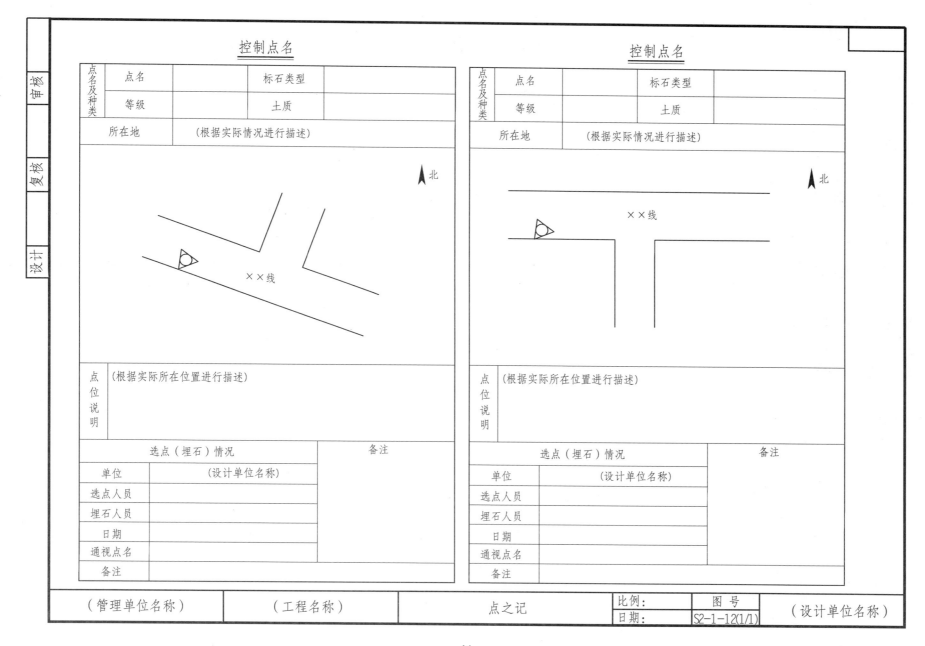

安全设施说明

1 工程概况（略）

2 设计依据

结合项目涉及的各项工程内容，列出参照的规范。

3 设计方案

根据总体路线设计，本路段的安全设施本着安全、适用、经济原则，并符合可持续发展要求进行设计。其内容包括：标志、标线、护栏、里程碑、百米牌等内容。

4 材料性能及要求

材料性能及参数材料性能及参数说明。采用新材料的项目，需进行对各项材料指标及验收标准进行详细说明。

5 施工要点及施工注意事项

对施工流程及施工注意事项进行说明。采用新技术、新工艺的项目，需对相关内容进行详细说明。

安全设施工程数量汇总表

工程名称：

S2-2-2(1/1)

序号	工程内容	普通标线 (m²)	振动标线 (m²)	护栏(m)		标志			轮廓标	道口标柱	里程碑	百米桩	备注
				代号	B级普通段	D800 单柱式	1700×600 村名标志	……	VG-De(Rbw)-At1				
	合　计												

编制：　　　　　　　　　　　　　　　　　　　　　　　　　　复核：

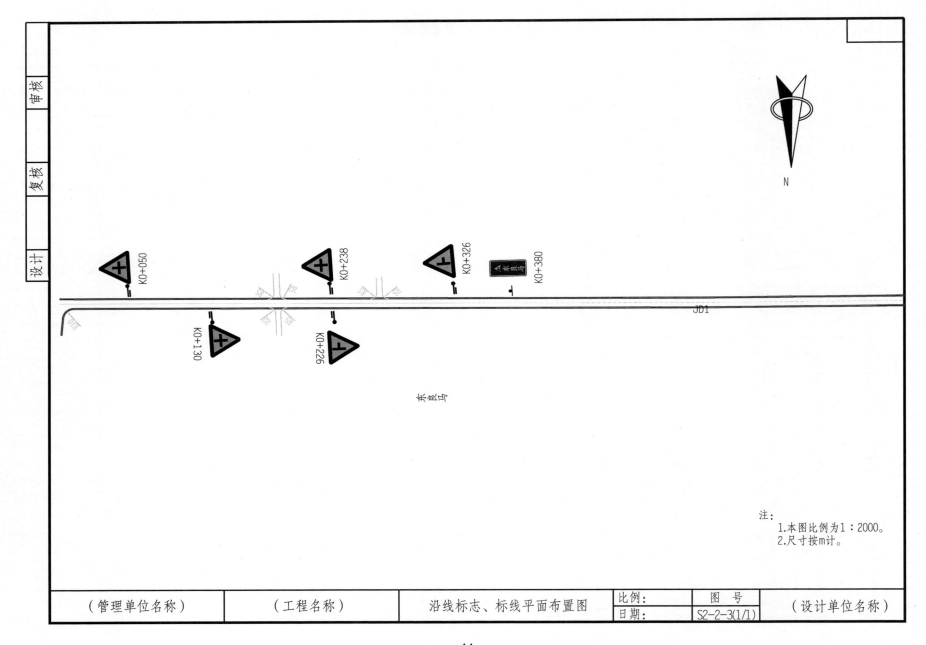

安全设施设置一览表

工程名称： S2-2-4(1/1)

工程内容	起终点桩号	数量/规格	方 向	普通标线 (m²)	振动标线 (m²)	护 栏 Gr-B-2E(m)	端头(个)	轮廓标 VG-De (Rbw)-At1(个)	标 志 (个)	道口标柱 Ip(个)	备注
护 栏											护栏
	小 计										
标 线											
	小 计										
标 志											
	小 计										
轮廓标											
道口标柱											
	小 计										
……											

编 制：   复 核：

交通标志材料数量汇总表

工程名称： S2-2-5(1/1)

序号	类型	板面尺寸(mm)	数量(块)	标志板面面积(m²)		每块板面质量(kg)		板面合计(kg)		每组立柱质量(kg)		立柱合计(kg)		每组基础			......	......	......	备注
				单板面积	总面积	板面	附件	板面	附件	立柱	附件	立柱	附件	C25混凝土(m³)	φ16钢筋(kg)	φ8钢筋(kg)				
合计																				

注：本表为交通标志材料数量汇总表，实际工程中还应包括波形梁钢护栏、道口标注、里程碑、百米桩等材料数量汇总表。

编 制： 复 核：

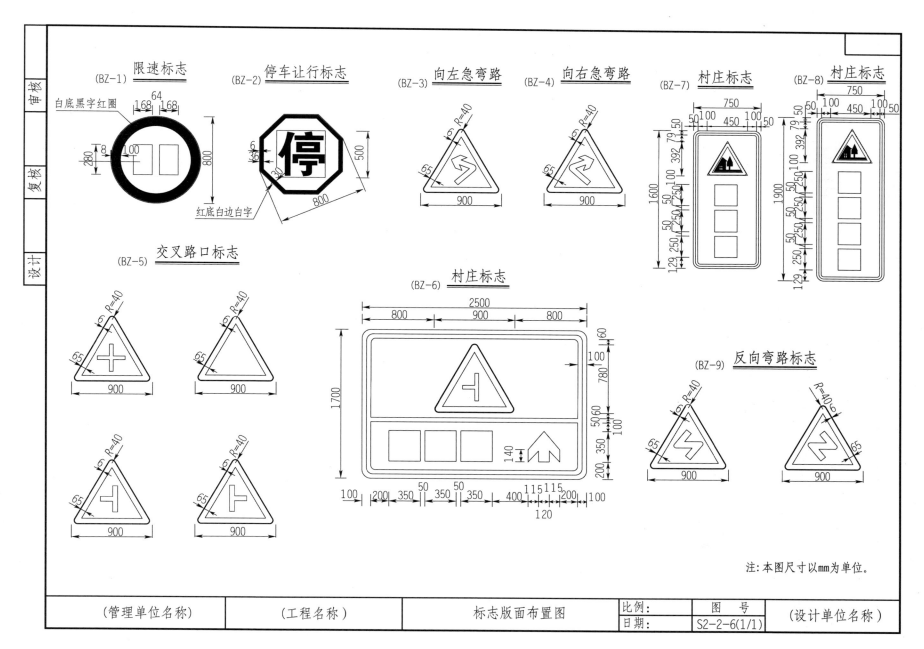

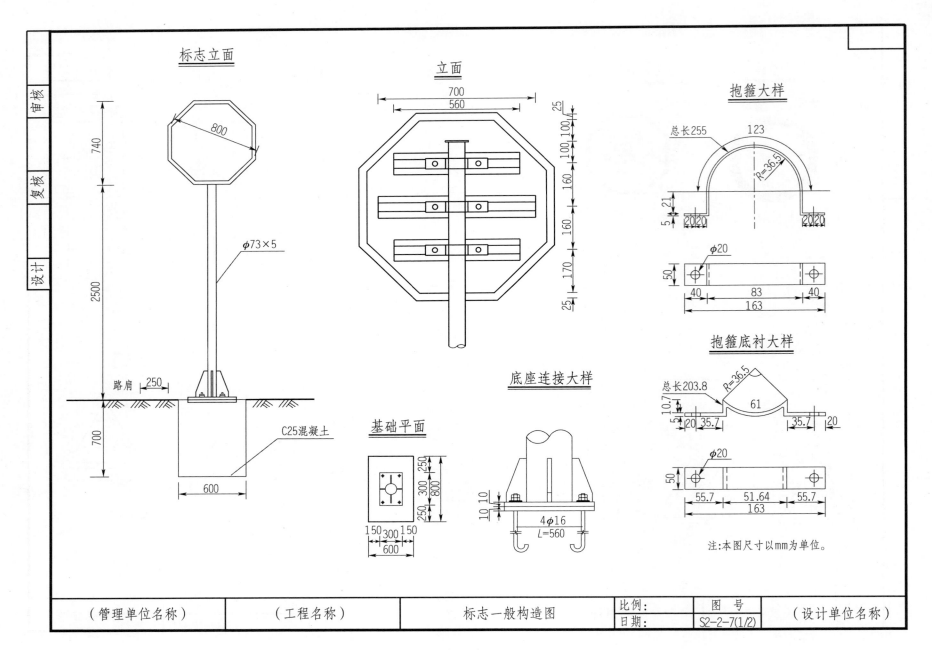

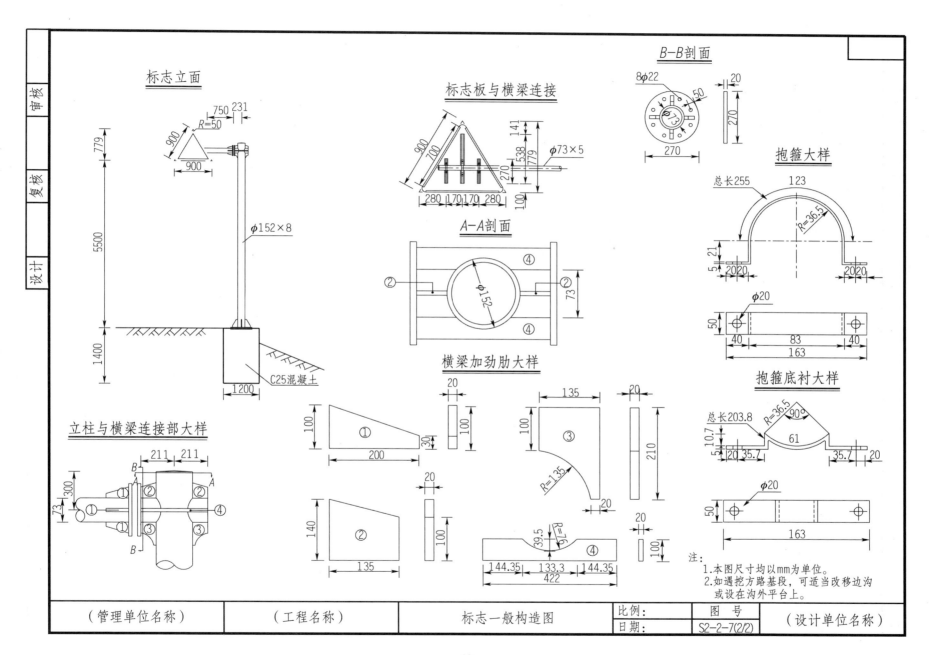

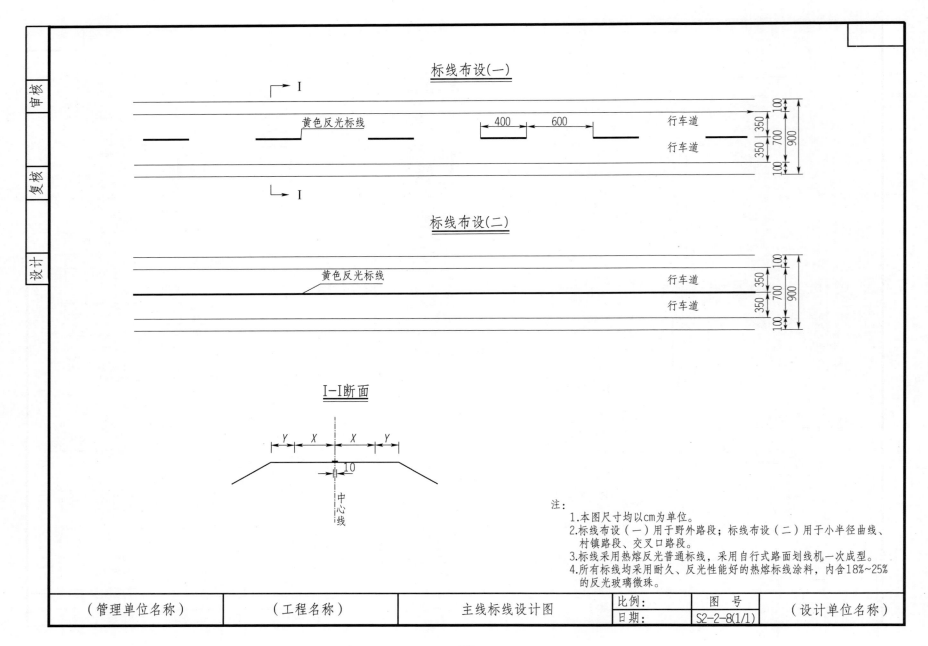

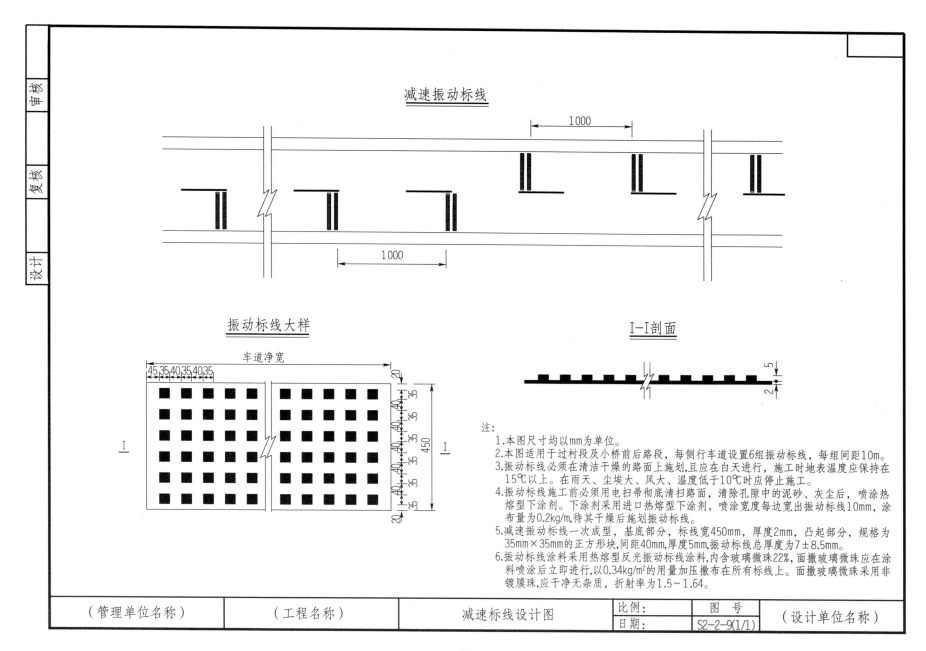

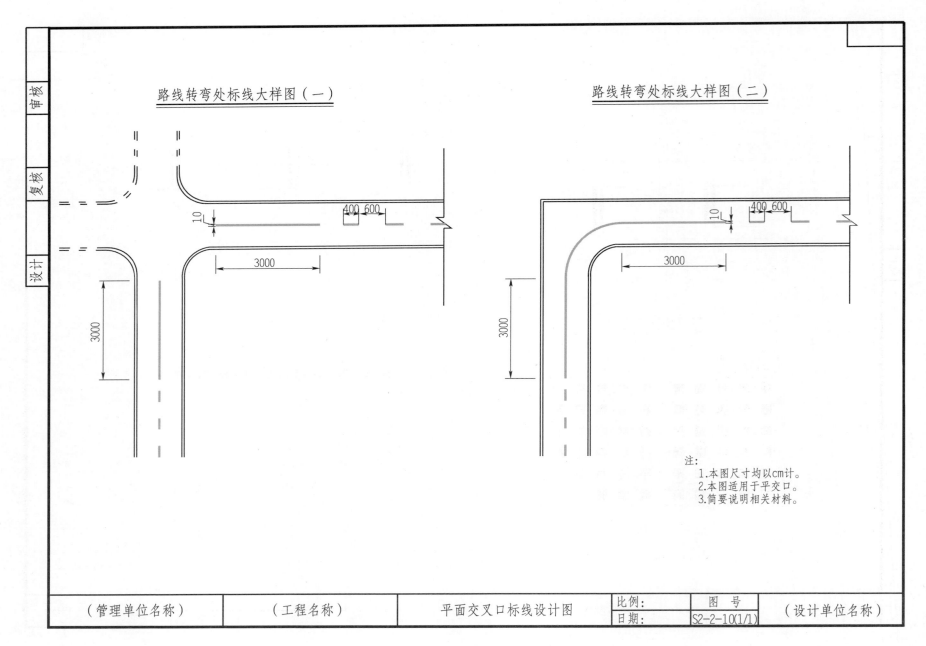

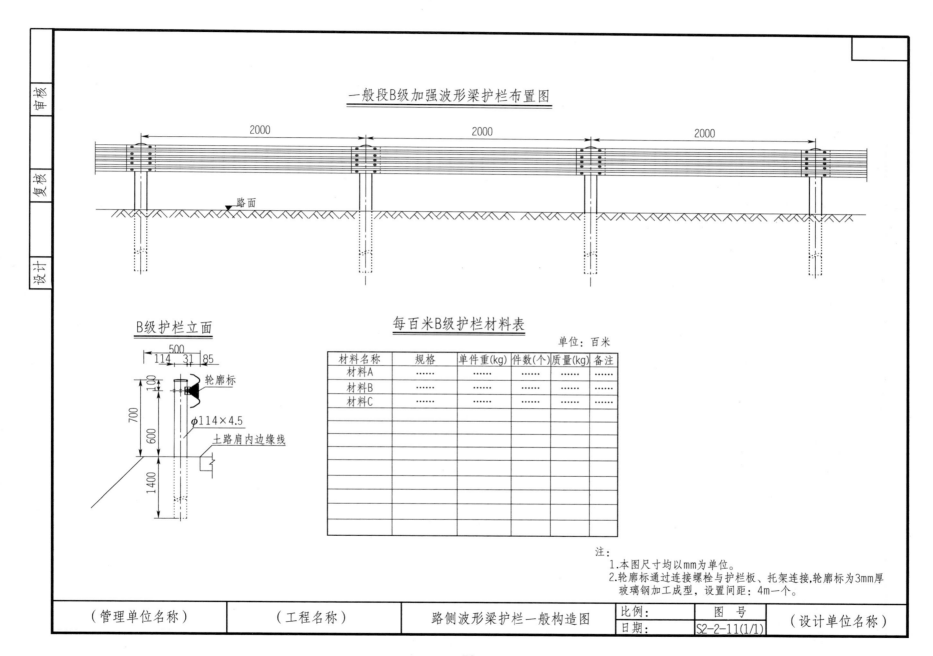

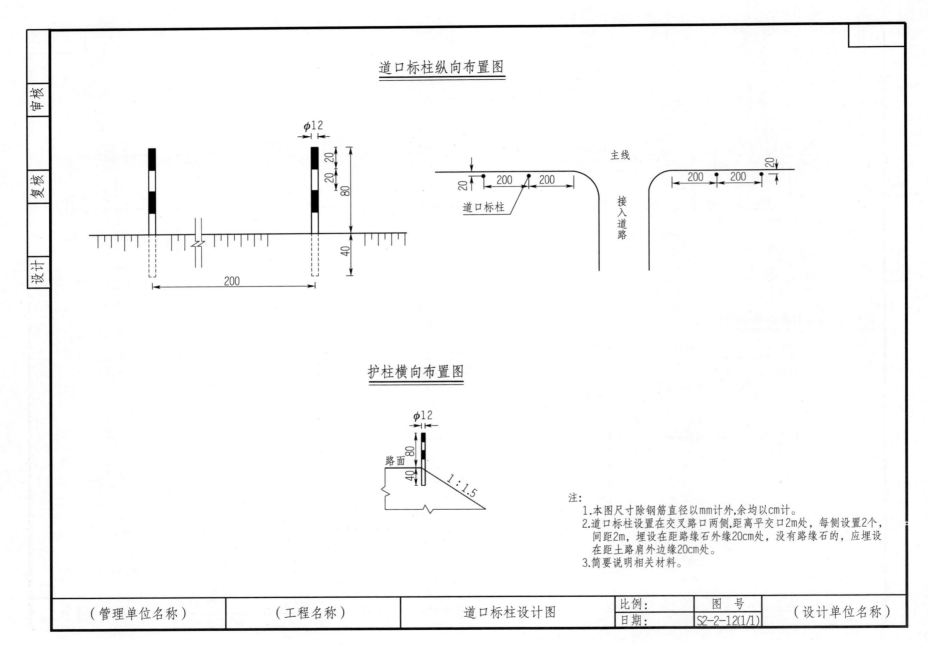

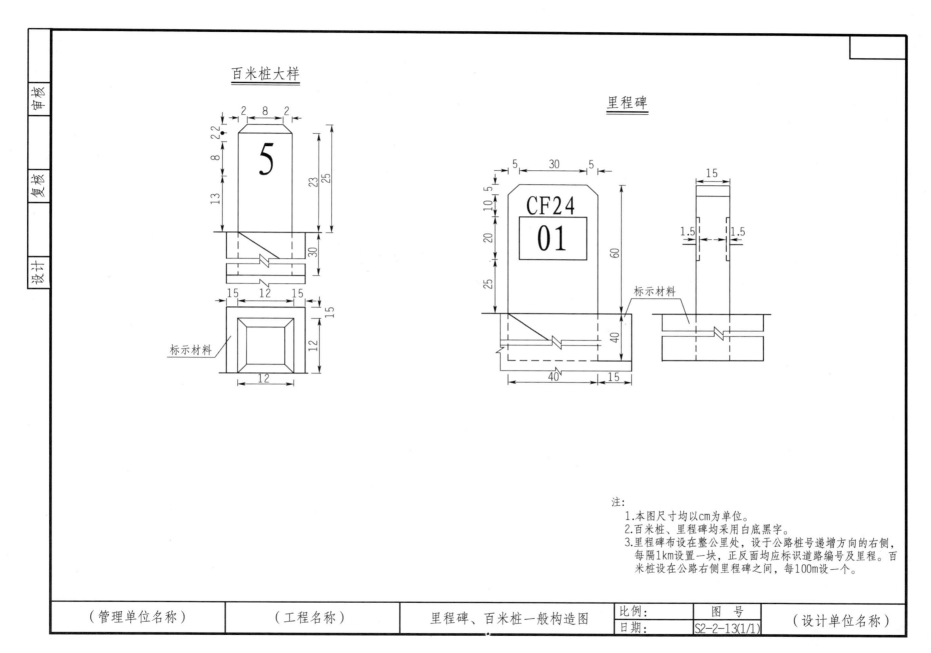

第三篇　路基、路面

路基、路面说明

1 可行性研究报告批复意见的执行情况

逐项列出批复及执行情况。与可行性研究报告批复若有不一致则应说明变更依据及理由。

2 施工图标段(合同段)划分情况

列出施工图标段(合同段)的划分数量、每一合同段的起讫桩号、路段长度、包含内容等。

3 原有路基、路面概况

分项说明原有路基路面概况,包括原有路基横断面、原有公路存在的主要问题及现状、原有路基概况、原有路面结构及检测、原有防护情况、原有排水情况等。其中原有路面结构及检测部分应包括路面破损调查、路面检测、公路现状及病害评价、路面主要病害及原因分析等。此外,应说明原有公路构造物的维修利用、加固、废弃情况。

4 路基设计原则、路基横断面布置及加宽、超高方案

明确路基设计原则及依据、路基横断面布置及加宽(含客运汽车停靠站等)、超高方案等。

5 路基设计、施工工艺、参数、材料要求

从填方路基、挖方路基、路拱横坡、地表处理、新旧路基衔接设计、构造物两侧路基、地基处理等方面进行描述。

6 路基压实标准与压实度及填料强度要求

说明路基压实标准与压实度、填料强度要求等,并提出施工方法及注意事项。

7 路基支挡、加固及防护工程设计说明

分填方段和挖方段,按照边坡高度、边坡材料及征地拆迁受限等不同条件设置支挡、加固及防护形式。

8 路基、路面排水系统及其防护设计说明

说明路基、路面排水设计原则、路基排水方案、路面排水方案等。

9 取土、弃土设计方案,环保及节约用地措施

对取土、弃土场的设计方案及相应要求进行描述,提出公路工程环保及节约用地措施。

10 路面结构设计

明确路面设计标准及设计原则、路面设计参数、路面方案(含主线、被交道路、桥面铺装的路面结构设计方案,旧路面的处治原则、处治方案比选及推荐方案的确定,新旧路面拼接设计,材料要求,混合料要求,级配组成等)、路面施工要求等。

11 路床顶面验收标准说明

以表格形式列出路床顶面验收标准。

12 施工方案及注意事项

对路基、路面相关分项的施工方案及注意事项进行说明。

13 动态设计及监控方案说明

改建项目(尤其是旧路病害治理)的特殊性、动态设计理念及具体措施。

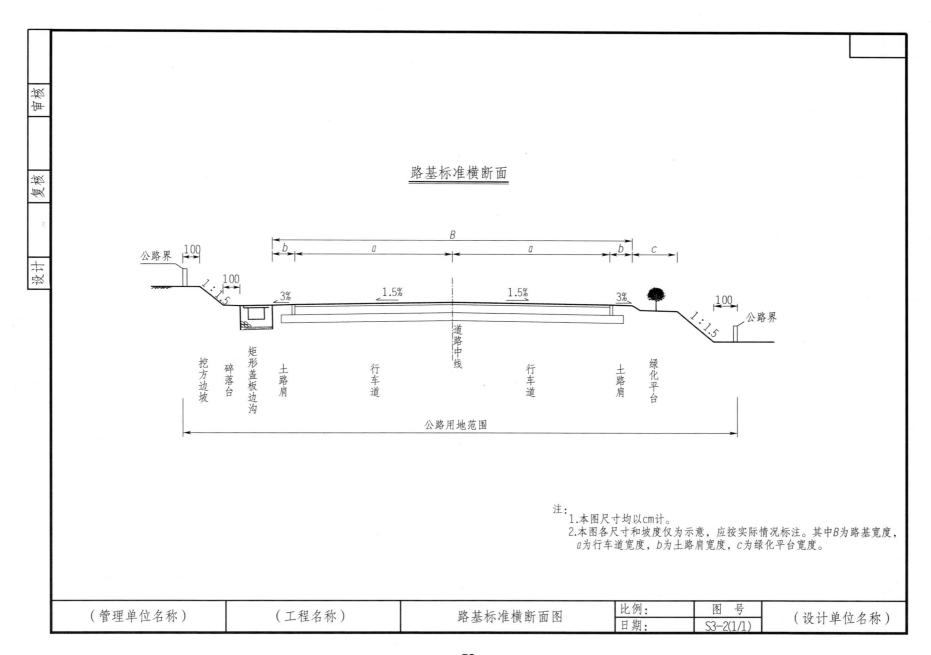

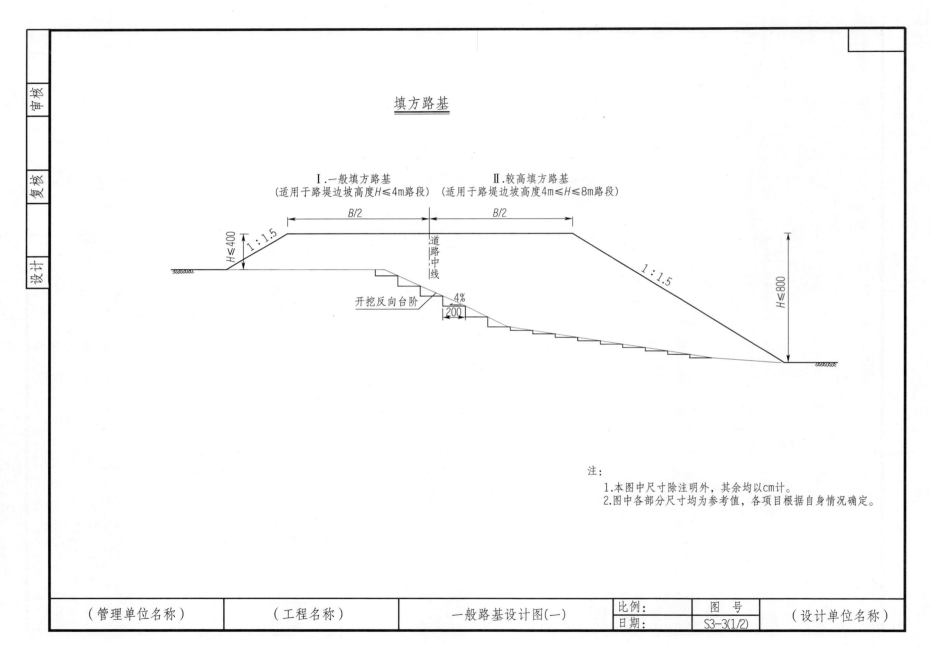

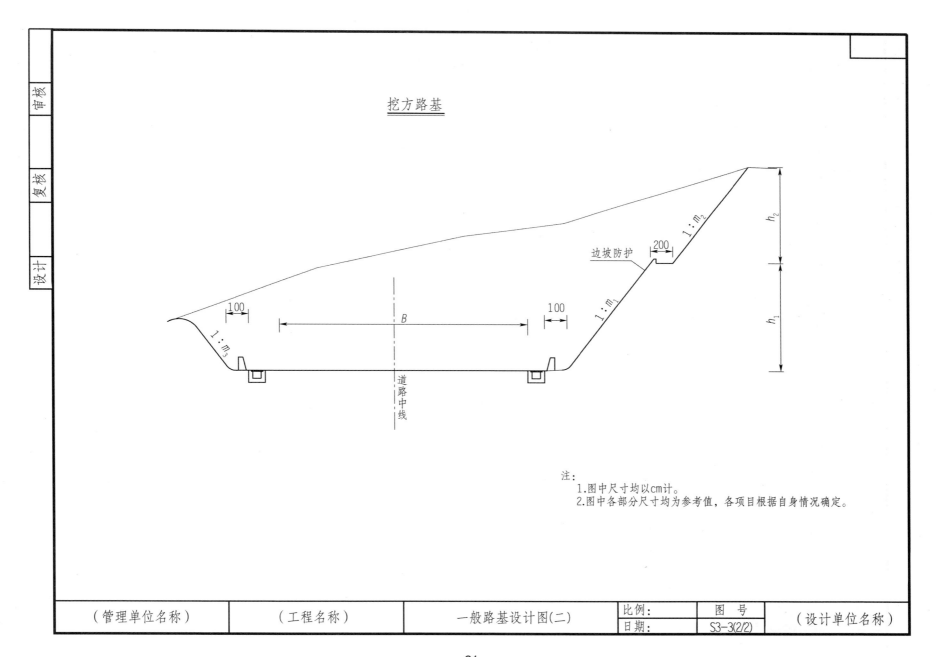

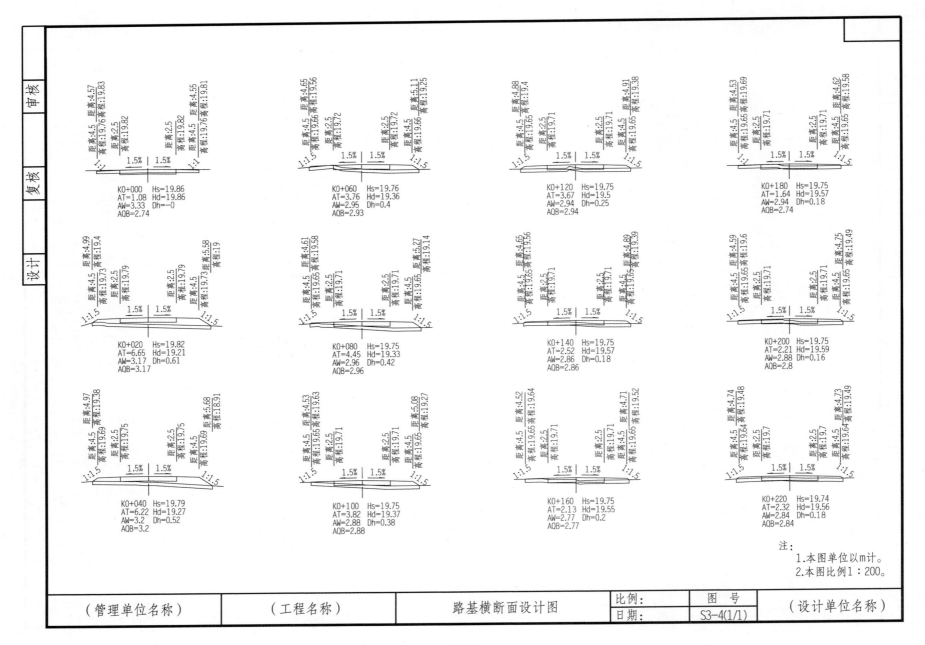

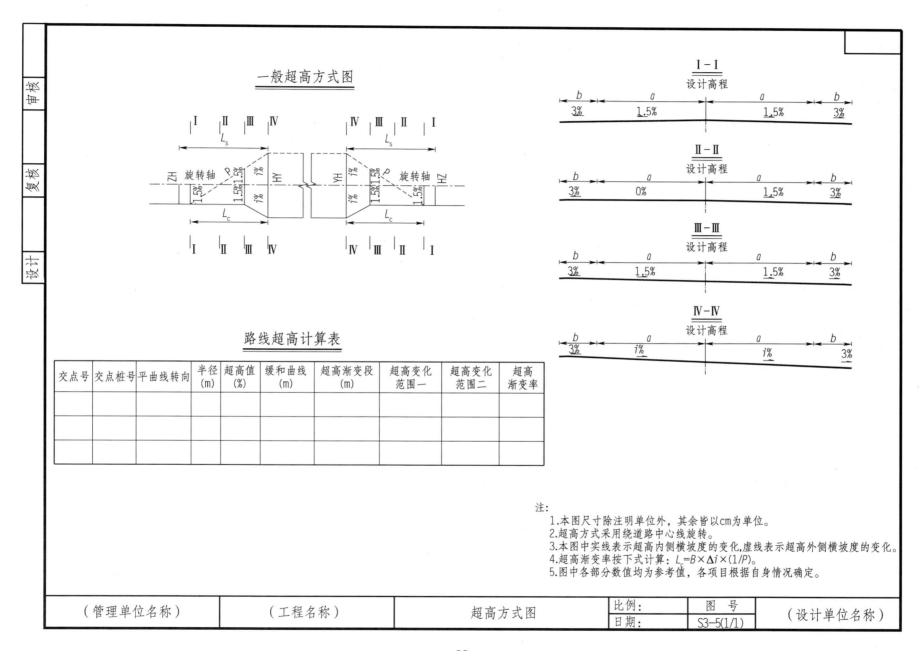

耕地填前夯(压)实数量表

项目名称: S3-6(1/1)

序 号	起 讫 桩 号	路段长度 (m)	平均宽度 (m)	压实面积 (m²)	备 注
合 计:					

编制: 复核:

低填浅挖路基处理工程数量表

项目名称：   S3-7(1/1)

序号	起讫桩号	位 置	特殊路基类型	路段长度 (m)	路基平均填高或挖深 (m)	路基顶宽度 (m)	处理宽度 (m)	超挖方 (m³)	上路床处理 (m³)	下路床处理 (m³)	备注
		合计									

编制：   复核：

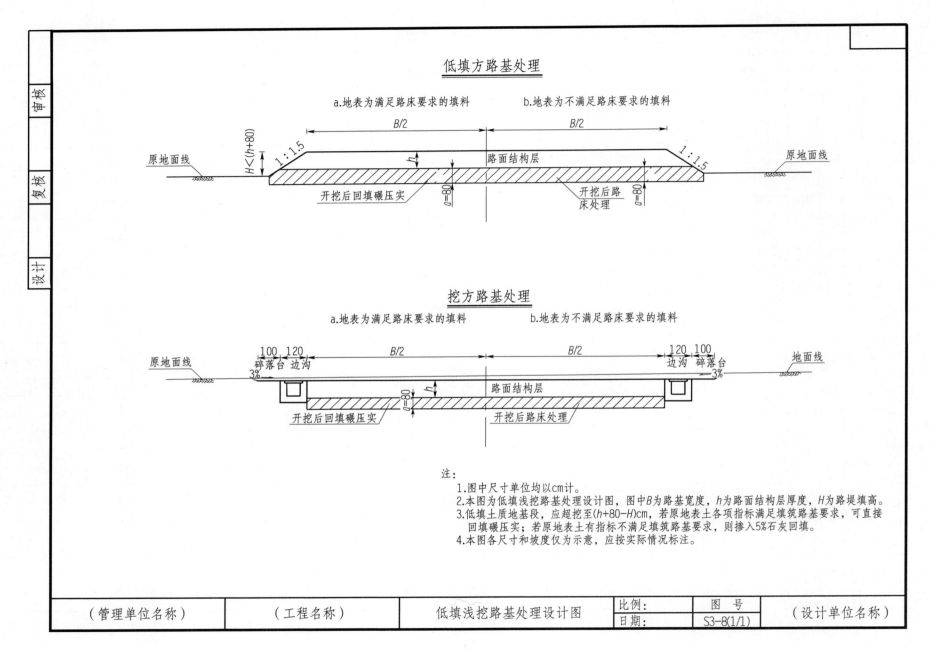

路基每公里土石方数量表

项目名称：

S3-9(1/1)

起讫桩号	长度(m)	清表(m³)	挖方(m³)							填方(m³)			本桩利用		远运利用				借方				弃方				备注
			总体积(m³)	土方			石方				总体积(m³)	土方(m³)	石方(m³)	土方(m³)	石方(m³)	土方(m³)	石方(m³)	平均运距(km)			土方(m³)	平均运距(km)	石方(m³)	平均运距(km)	土方(m³)	石方(m³)	平均运距(km)		
				松土	普通土	硬土	软石	次坚石	坚石								土方	石方							土方	石方	

注：
1. 本表土方数据中,挖方数量为自然方外,其余数据均为压实方。
2. 松方系数:松土 = 1.23,普通土 = 1.16,硬土 = 1.09,石方 = 0.92。

| 合计 | | | | | | | | | | | | | | | | | | | | | | | | | | | |

编制：　　　　　　　　　　　　　　　　　　　　　　　　　复核：

路基防护工程数量表

项目名称：

S3-10(1/1)

序号	起讫桩号	路段长度 (m)	位　置	工程名称	主要尺寸及说明	浆砌片石 (m³)	混凝土 (m³)	矿渣混凝土空心砖 (块)	植　草 (m²)	……	……	备注
合　计												

编制：　　　　　　　　　　　　　　　　　　　　　　　　　　　　　　　　　　　　　　复核：

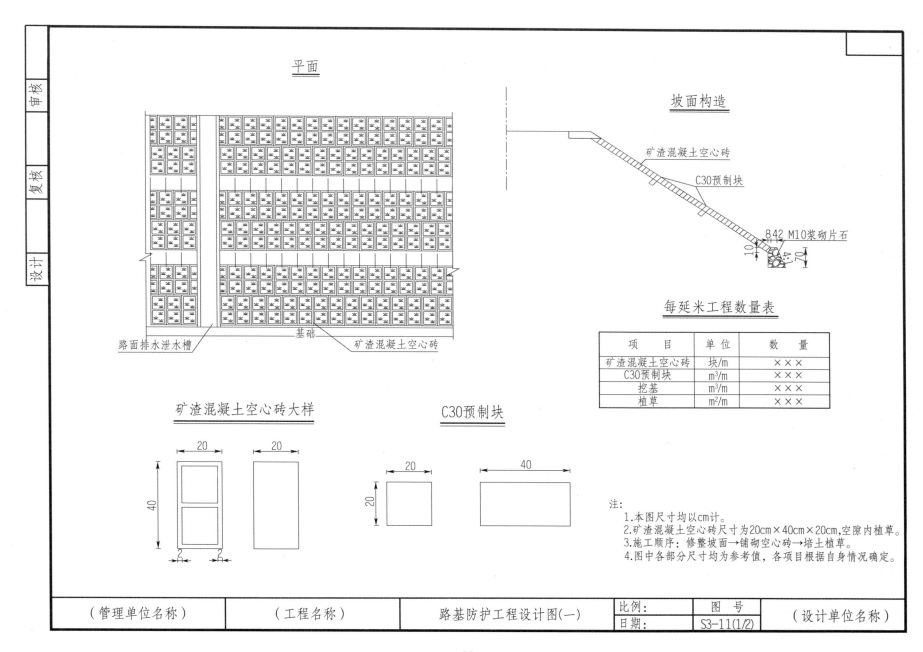

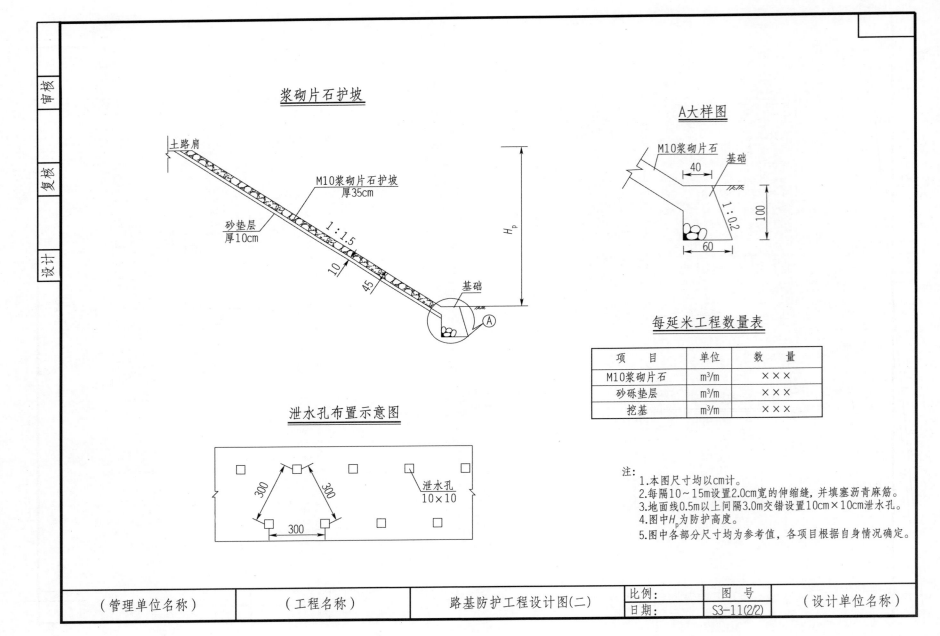

路面工程数量表

项目名称：   S3-12（1/1）

序号	起始桩号	段落长度(m)	路面结构类型	路面宽度(m)	新建路面							封层(m²)	透层(m²)	……(m²)	路肩石		备注
					铺筑5cm中粒式改性沥青混凝土(m²)	铺筑18cm水泥稳定级配碎石(m²)	铺筑16cm10%水泥稳定土(m²)	……(m²)	22cm水泥混凝土(m²)	铺筑18cm水泥稳定天然砂砾(m²)	……(m²)				C30预制混凝土(m³)	……(m³)	
合计																	

编制：   复核：

路面结构设计图

路基土组	×××					
干湿类型	×××					
路面类型	沥青混凝土路面			水泥混凝土路面		
设计弯沉值	×××					
部位	主线	桥面	被交路	主线	桥面	被交路
路面结构形式	Ⅰ-1	Ⅰ-2	Ⅰ-3	Ⅰ-4	Ⅰ-5	Ⅰ-6
路面图式						
土基回弹模量						

图例

沥青混凝土　水泥稳定级配碎石　水泥稳定天然砂砾基层　水泥稳定土　水泥混凝土

注：本图尺寸以cm计。

（管理单位名称）	（工程名称）	路面结构图（一）	比例： 日期：	图　号 S3-13(1/3)	（设计单位名称）

审核　复核　设计

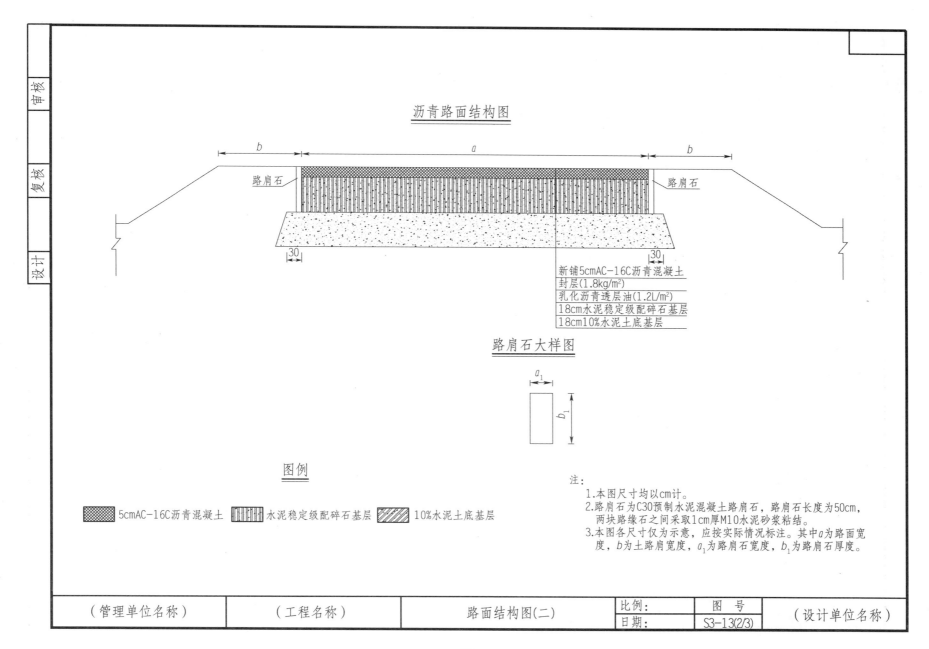

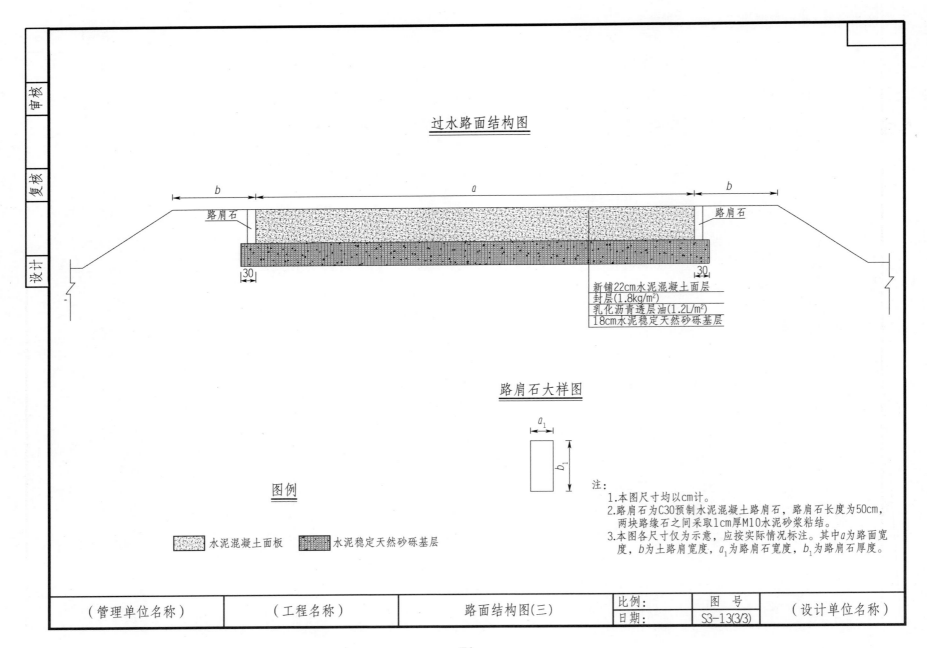

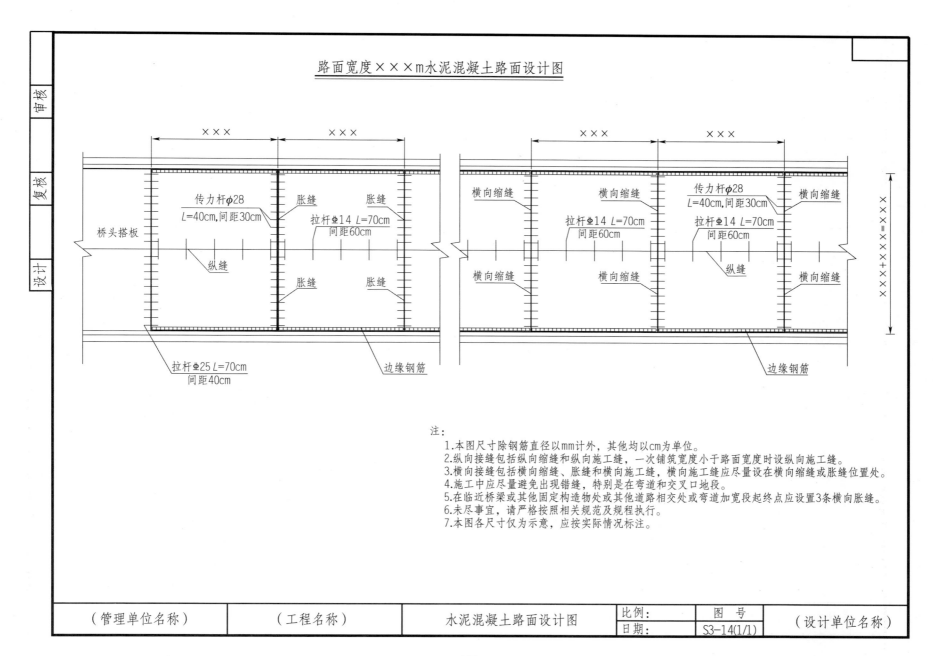

交　点		平曲线半径 (m)	加宽宽度 (m)	圆曲线长度 (m)	缓和曲线长度或超高缓和长度、加宽缓和长度 (m)	总加宽长度 (m)	加宽总面积 (m²)	备　注
交点号	桩号							

平曲线路面加宽表　S3-15(1/1)

路基、路面排水工程数量表

项目名称：

S3-16(1/1)

序 号	起讫桩号	路段长度 (m)	工程名称	主要尺寸说明	开挖土方 (m³)	砂砾垫层 (m³)	M7.5 浆砌片石 (m³)	C25 混凝土 (m³)	C25 盖板混凝土 (m³)	钢 筋		……	备 注
										直径14mm (kg)	直径8mm (kg)	……	
合 计：													

编 制：　　　　　　　　　　　　　　　　　　　　　　　　　　　　　　　　　　　复 核：

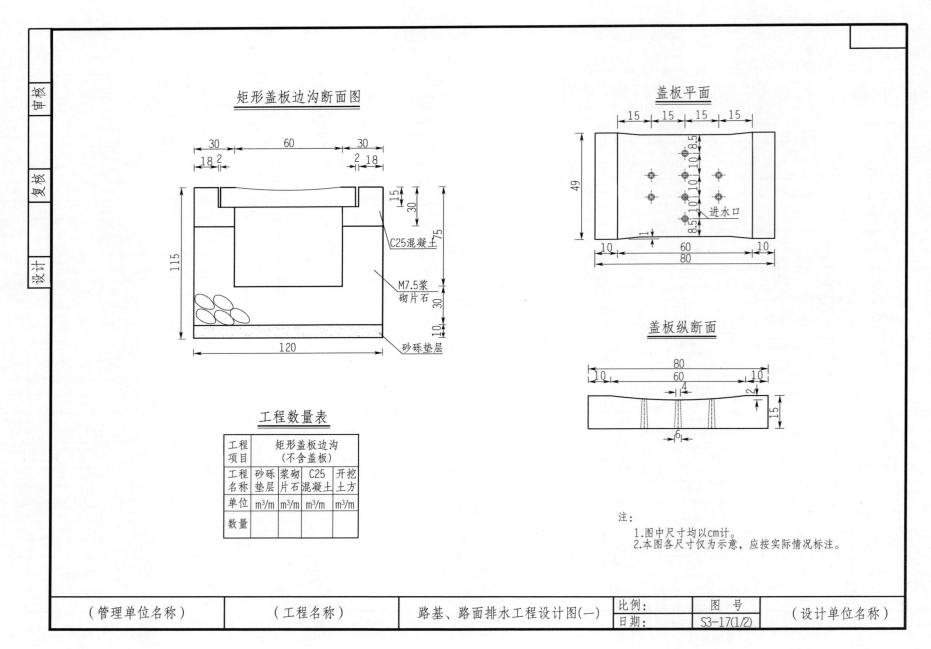

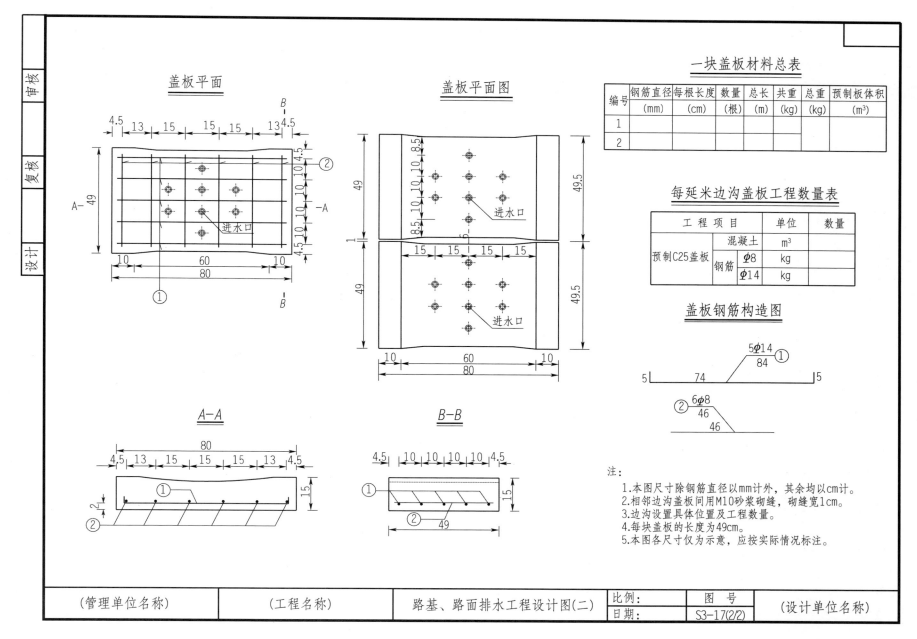

第四篇　桥梁、涵洞

桥梁设置一览表

项目名称：

S4-1-1(1/1)

序 号	桩 号	桥 名	构造物类型	交角(°)	孔数-孔径(m)	上部结构	下部结构	备 注

编制： 复核：

桥 梁 说 明

1 概述

"桥梁说明"包括桥梁位置、中心桩号、起终点桩号、跨径组合、夹角,桥梁上、下部结构形式,桥宽及桥面横坡等信息。若采用漫水桥,应从桥梁所在路线的功能定位、附近桥梁布置情况等方面,说明设置漫水桥的原因及情况。涉及改扩建的桥梁还应写明原桥的结构形式、设计标准、荷载等级等情况。

2 设计依据及规范

列举设计过程中涉及的批复文件等设计依据及相关规范。

3 设计标准

主要技术指标表见表6.1-3。

主要技术指标表　　表6.1-3

序号	项 目	技 术 指 标
1	设计荷载等级	
2	桥面宽度	

续上表

序号	项 目	技 术 指 标
3	上部结构	
4	下部结构	
5	地震设防烈度	
6	地震动峰值加速度	
7	环境类别	
8	设计洪水频率	

4 主要材料

列出本工程的相关材料的强度等级、型号、尺寸及性能指标等材料要求。

5 设计要点

(1)上部结构设计

上部结构形式及上部结构各部位尺寸。

(2)下部结构设计

下部结构尺寸设计要求等。

(3)桥面铺装

说明桥面铺装的结构层以及桥面横坡设置方式等。

(4)桥梁耐久性设计

根据防腐及耐久性相关规范对混凝土材料以及构造尺寸提出相应的设计要求。

(5)桥梁抗震措施

根据抗震设防烈度,结合规范要求采取相应的设防措施。

(6)结构计算方法

结构分析计算采用的计算程序,内力计算方法,以及相关计算参数的取值。

(7)改扩建工程拼宽设计

包含新旧构造物的搭接设计。

6 施工要点及注意事项

有关模板搭设、施工放样、混凝土浇筑等的施工工艺、材料要求及质量检验标准及其他施工注意事项。改扩建工程还应当包含新旧构造物的搭接处理。

7 其他

补充说明施工过程中其他应尽事宜,如环保要求、安全施工等要求。

桥梁工程材料数量表

项目名称：　　　S4-1-3（1/1）

工程项目		单 位	工 程 数 量									
			上 部 结 构			合 计	下 部 结 构				合 计	其他	全桥合计
			现浇板	桥面铺装	护柱		桥 台					搭板	
							台帽	台身	侧墙	基础			
单位			块	m²	个		个	个	个	个		个	
数量													
HPB300	φ××	kg											
HRB400	Φ××锚栓	kg											
	Φ××	kg											
	Φ××	kg											
	Φ××	kg											
	Φ××	kg											
其他钢材	钢套筒	kg											
	×型钢板	kg											
	××钢板	kg											
	××钢板	kg											
	××钢板	kg											
	铸铁	kg											
混凝土	CX	m³											
	CX	m³											
	CX	m³											
	CX 防水	m³											
X形支座		个											
X形支座		个											
X形支座		个											
聚丙烯纤维		kg											
×cm厚橡胶板		m²											
×%石灰土		m³											
×cm厚砂石路面		m³											
填土方		m³											
挖土方		m³											
挖石方		m³											

编 制：　　　　　　　　　　　　　　　　　　　　　　　　　　　　　　　　　　　复 核：

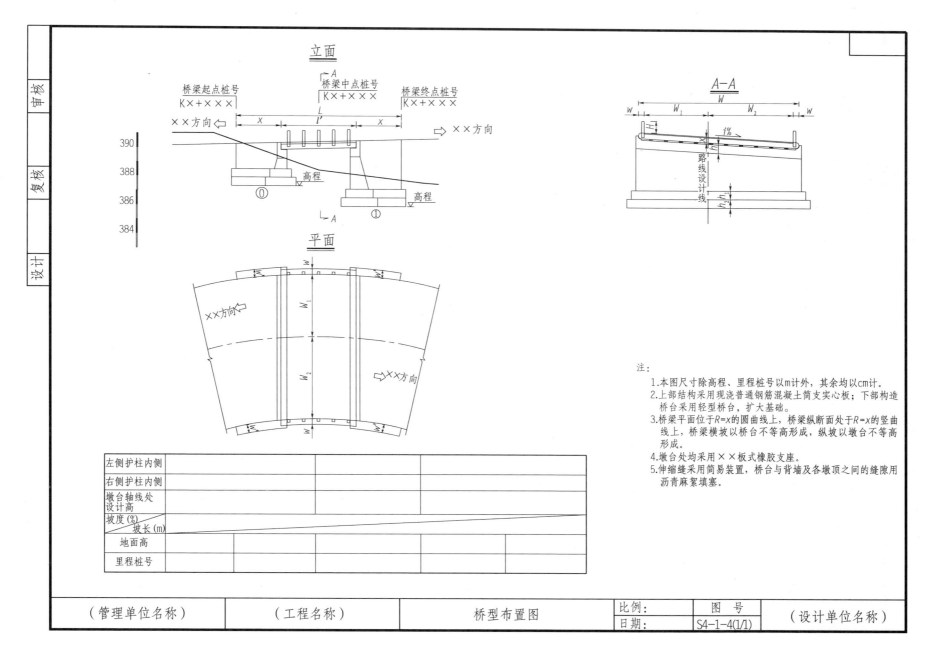

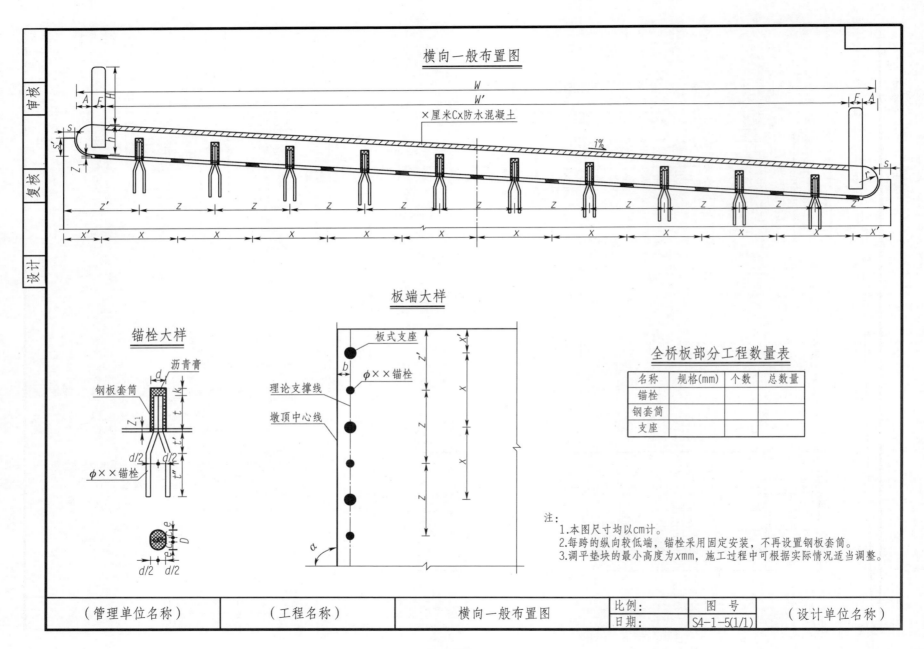

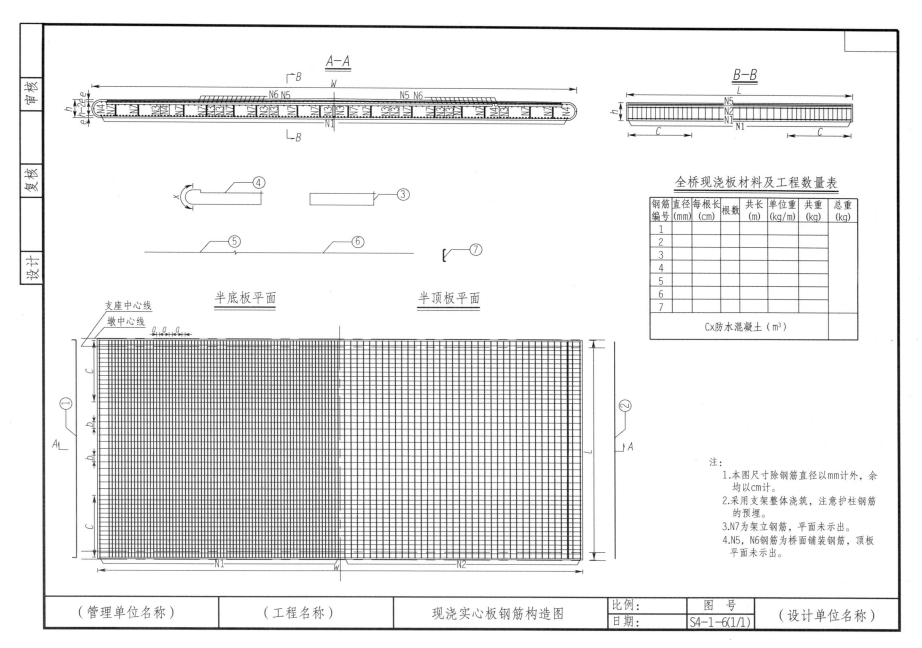

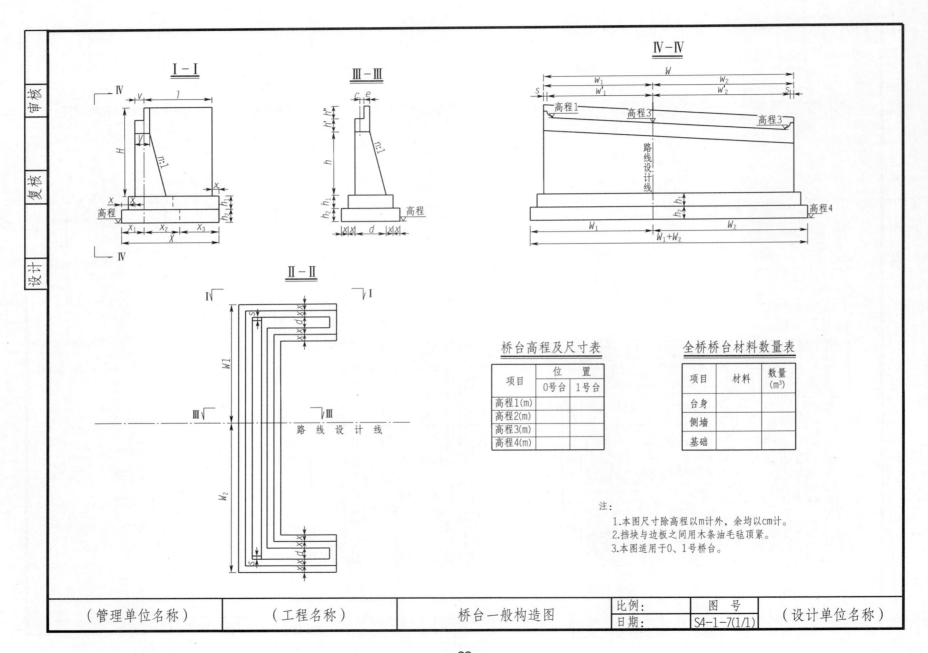

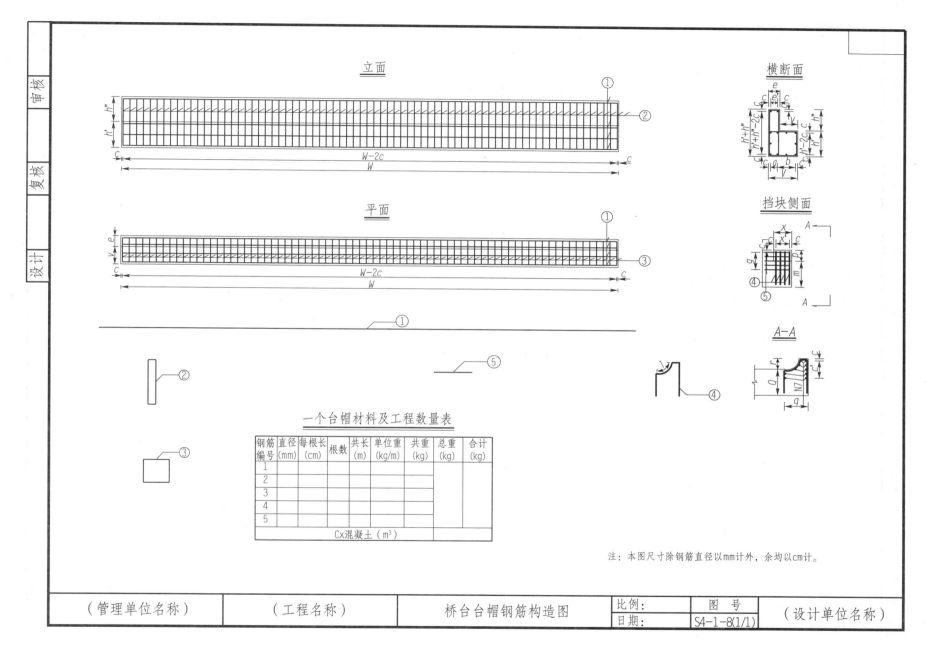

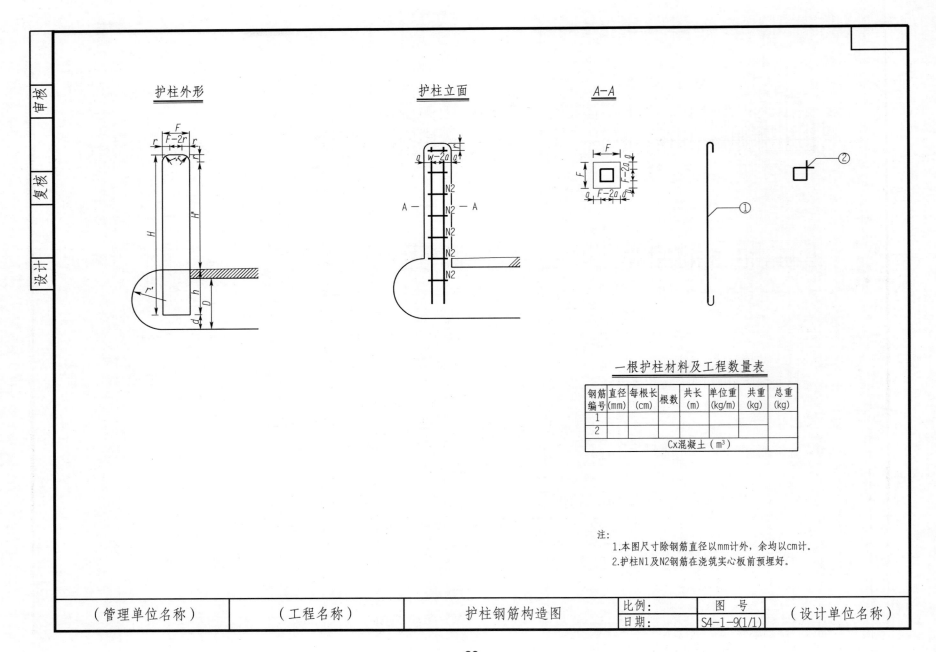

涵洞设置一览表

项目名称：

S4-2-1(1/1)

序 号	桩 号	构造物类型	交角(°)	孔数-孔径(m)	上部结构	下部结构	备 注

编制：　　　　　　　　　　　　　　　　　　　　　　　　　　　　　复核：

涵 洞 说 明

1 概述

"涵洞说明"包括涵洞位置,中心桩号,孔数-孔径,夹角、涵长及洞口形式,上、下部结构形式等信息;涉及改扩建的涵洞还应写明原涵洞的结构形式、设计标准、荷载等级等情况。

2 设计依据及规范

列明设计过程中涉及的批复文件等设计依据及相关规范。

3 设计标准

主要技术指标表见表6.1-4。

主要技术指标表　　　　表6.1-4

序号	项　目	技 术 指 标
1	设计荷载等级	
2	设计洪水频率	
3	地震设防烈度、地震动峰值加速度	

4 主要材料

列出本工程的相关材料的强度等级、型号、尺寸及性能指标等材料要求。

5 设计要点

(1)结构计算方法

结构分析计算采用的计算程序,内力计算方法,荷载计算理论以及相关计算参数的取值。

(2)构造处理

洞口形式、基础构造方式及材料。

(3)耐久性设计

为满足规范对涵洞的耐久性要求,对涵洞材料及构造进行耐久性设计。

(4)涵洞拼宽设计

洞口的处理情况以及新旧构造物的搭接设计。

6 施工要点及注意事项

有关模板搭设、施工放样、混凝土浇筑、管节运装等的施工工艺、材料要求及质量检验标准及其他施工注意事项。改扩建工程还应当包含与旧涵洞的搭接处理。

7 其他

补充说明施工过程中其他应尽事宜,如环保要求、安全生产等要求。

涵洞工程材料数量表

项目名称： S4-2-3(1/1)

序号	中心桩号	孔径	交角	涵长	壁厚	填土高		波纹管长度	洞口									洞身基础		挖基
						左侧	右侧		缘石 Cx 混凝土	侧墙墙身 Cx 混凝土	侧墙基础 Cx 混凝土	锥坡铺砌 Mx 浆砌片石	锥坡铺砌垫层 砂砾	锥坡基础 Mx 浆砌片石	锥坡填土	截水墙 Cx 混凝土	洞口铺砌 Cx 混凝土	砂砾基础	砂垫层	
		(m)	(°)	(m)	(mm)	(m)	(m)	(m)	(m³)	(m³)	(m³)	(m³)	(m³)	(m³)	(m³)	(m³)	(m³)	(m³)	(m³)	(m³)
合计																				

编制： 复核：

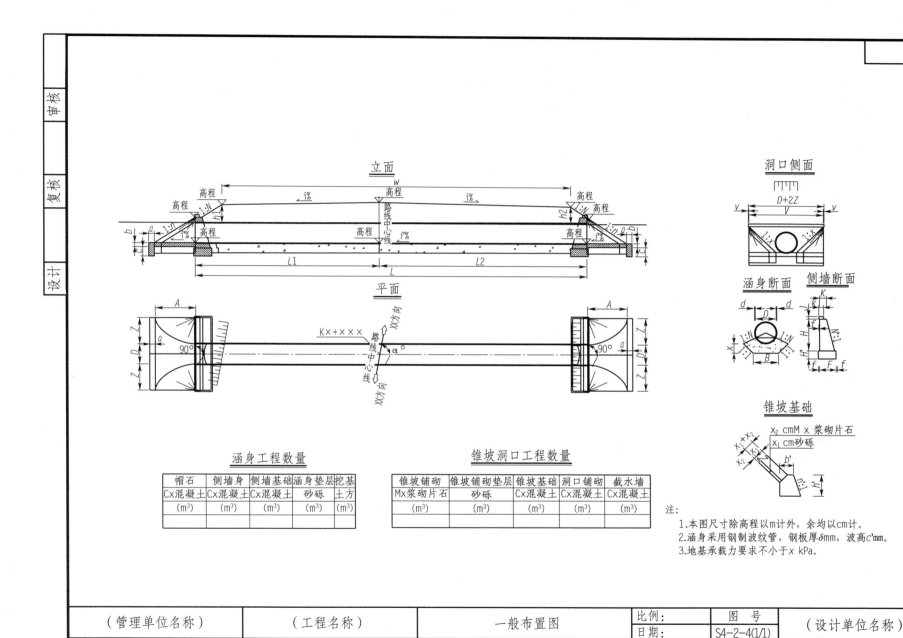

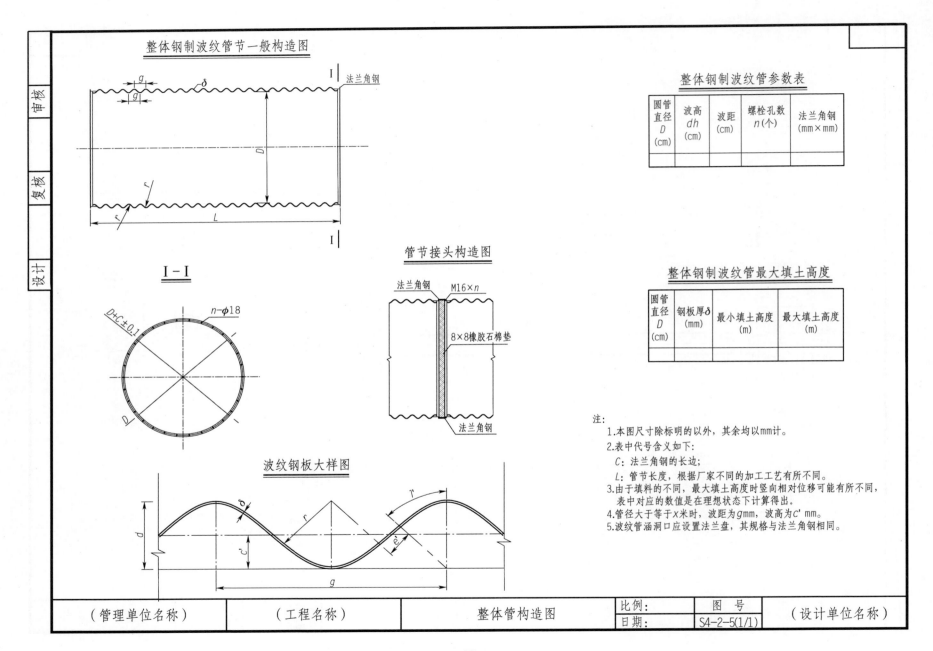

管节基底构造

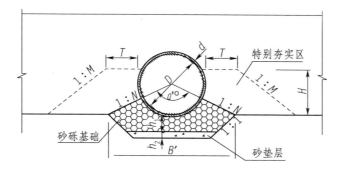

钢板波纹管涵管节基础工程数量表

圆管直径 D (cm)	波高 dh (cm)	每延米工程数量 (m³)	
		砂砾基础	砂垫层

注：
1. 本图尺寸均以cm计。
2. 应采用级配良好的粗砂在基础表面设置一层厚 h_2 cm的均匀垫层，其最大粒径为 x mm。砂砾基础采用级配良好的砂砾。

第五篇 隧 道
（本项目无隧道）

第六篇 路线交叉

路线交叉说明

1 可行性研究报告批复意见执行情况

建设规模、技术标准按可行性研究报告的批复意见执行,路线交叉方案符合可行性研究报告的批复要求。所拟定的设计方案如有不一致应说明变更依据及理由。

概述施工图设计阶段对上阶段的优化设计。

2 路线交叉设计说明

平面交叉设计根据《小交通量农村公路工程技术标准》(JTG 2111—2019)、《公路路线设计规范》(JTG D20—2017)进行。

根据实际情况介绍本项目共设置平面交叉的数量和设计方案。

与不同等级公路交叉的渠化设计,应根据交叉形式、交通量管理方式,以及转向交通量、设计速度等因素,采用加铺转角、加宽路口、设置转弯车道和交通岛等方式。被交路路基宽度按被交路原路基宽度设计,路基、路面排水基本维持原排水系统。

3 施工方法及注意事项

详细描述本项目的施工方法和应特别注意的事项,如与旧路顺接等事项。

平面交叉设置一览表

项目名称：

序号	中心桩号	交角(°)	被交路宽度(m)	交叉形式	道路等级	路面类型	备注
1	K0+000	90	32.5	十字交叉	城市主干道	沥青路面	
2	K0+120	90	4	丁字交叉	村路	土路面	右侧
3	K0+300	90	4	丁字交叉	村路	土路面	左侧
4	K0+500	45	4	Y字交叉	村路	土路面	原路线

编制： 复核：

平交口被交路工程数量表

项目名称：

S6-3(1/1)

序号	中心桩号	被交道路					位置	加铺转角曲线半径		原水泥路面					原沥青路面、土路						备注
		交角	交叉形式	路基宽度	路面宽度 B	路面类型		R_1	R_2	20cm 水泥混凝土面层	22cm 水泥混凝土面层	20cm 水泥稳定碎石基层	18cm 水泥稳定碎石基层	15cm 石灰稳定土	5cm AC-16C 沥青混凝土	7cm AC-20C 沥青混凝土	15cm 水泥稳定碎石基层	18cm 水泥稳定碎石	15cm 石灰稳定土	20cm 石灰稳定土	路肩石	
		(°)		(m)	(m)			(m)	(m)	(m²)	(m²)	(m²)	(m²)	(m²)	(m²)	(m²)	(m²)	(m²)	(m²)	(m²)	(m³)	
1	K0+000	90	十	7	6	沥青路面	双侧	25	25													
2	K0+500	45	丁	6	5	水泥路面	单侧	5	5													
总计																						

编制： 复核：

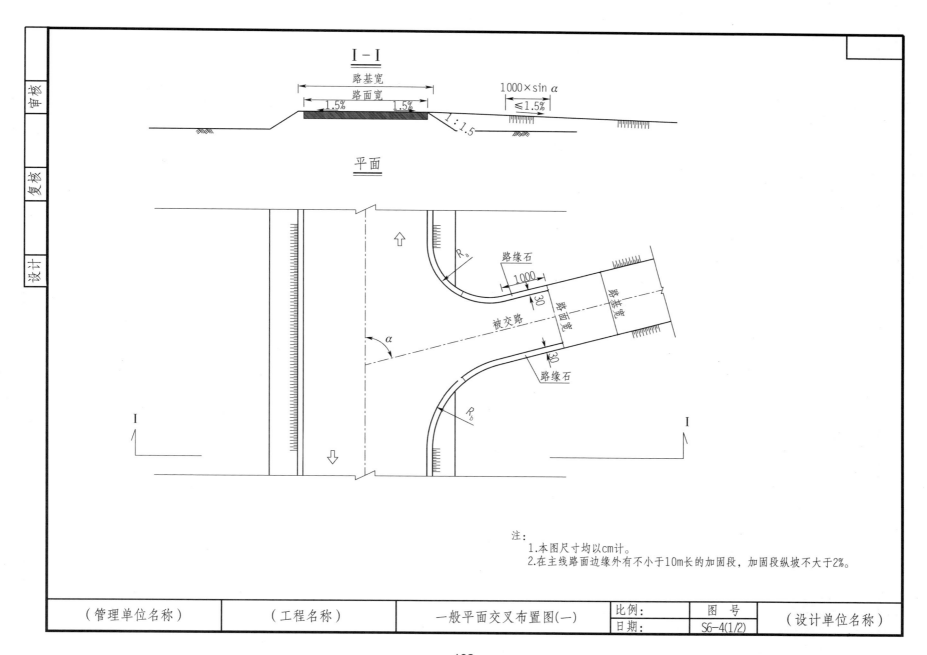

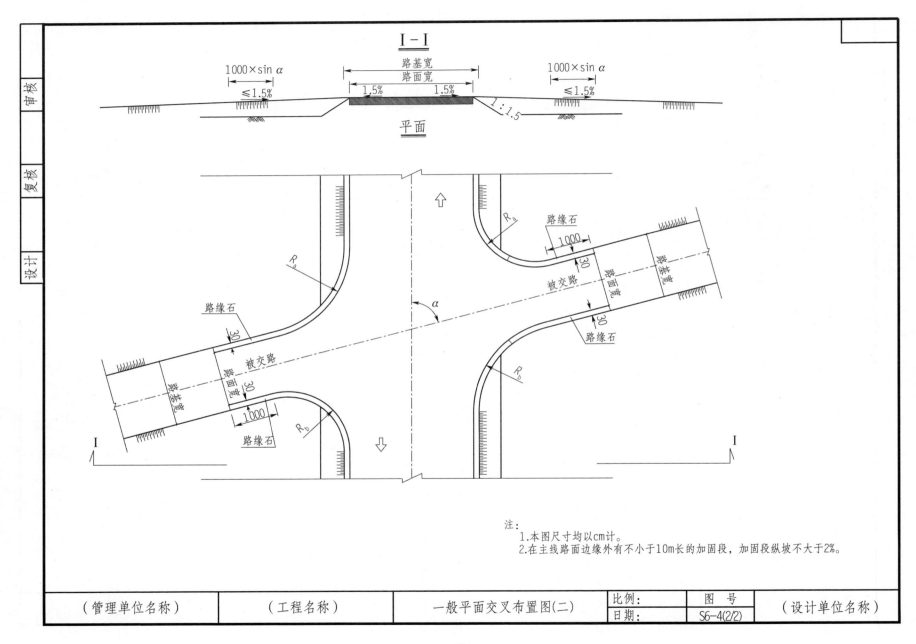

第七篇 绿 化

绿 化 说 明

1　可行性研究报告批复意见执行情况

"绿化说明"逐项列出批复及执行情况。与可行性研究报告批复若有不一致则应说明变更依据及理由。

2　设计依据、原则及理念

设计依据的规范、规程、标准等,相关部门和业主的意见,公路工程及设施与沿线自然环境的协调情况及采取的措施,设计理念等。

3　设计方案及植物特性

具体设计方案、植物配置及特性等。改建公路工程中原有建筑材料的废弃与利用情况

4　施工中的环境保护措施及注意事项

对绿化相关分项施工中的环境保护措施及注意事项进行说明。

绿化数量表

项目名称：

S7-2(1/1)

序 号	名 称	规 格	单 位	数 量	备 注

编制：　　　　　　　　　　　　　　　　　　　　　　　　　　　　　复核：

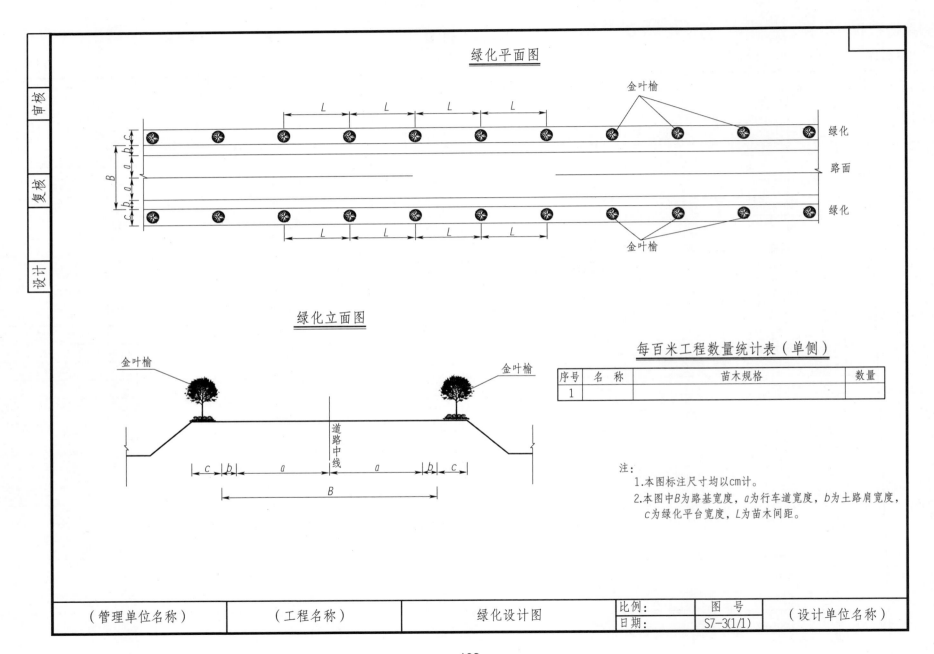

第八篇　其他工程

其他工程说明

1 可行性研究报告批复意见执行情况

"其他工程说明"逐项列出批复及执行情况。与可行性研究报告批复若有不一致则应说明变更依据及理由。

2 改渠工程

（1）主体工程和其他工程的划分原则。
（2）改渠概况。逐处说明改渠的位置、改移原因，改渠的长度、横断面、硬化情况等。

3 客运汽车停靠站

客运汽车停靠站的设置原则、具体布置及指标、设置数量、路面结构等相关说明（本图册客运汽车停靠站的路基、路面工程量计入"第三篇 路基、路面"）。

4 施工方法及注意事项

其他工程与主体工程的实施顺序，与相关村庄或单位联系沟通等保证工程进度及质量的施工方法及事项。

线外改渠工程数量表

项目名称: S8-2(1/1)

序号	项目	对应主线桩号范围或与主线交叉桩号	现位置	新建位置	长度(m)	平均深度(m)	M7.5浆砌片石(m³)	挖方		填方		备注
								土方(m³)	石方(m³)	土方(m³)	石方(m³)	
		合 计										

编制: 复核:

客运汽车停靠站候车亭数量表

项目名称：

S8-3(1/1)

序号	项目名称	规格	数量		备注
			(对)	(个)	

编制：　　　　　　　　　　　　　　　　　　　　　　　　　　复核：

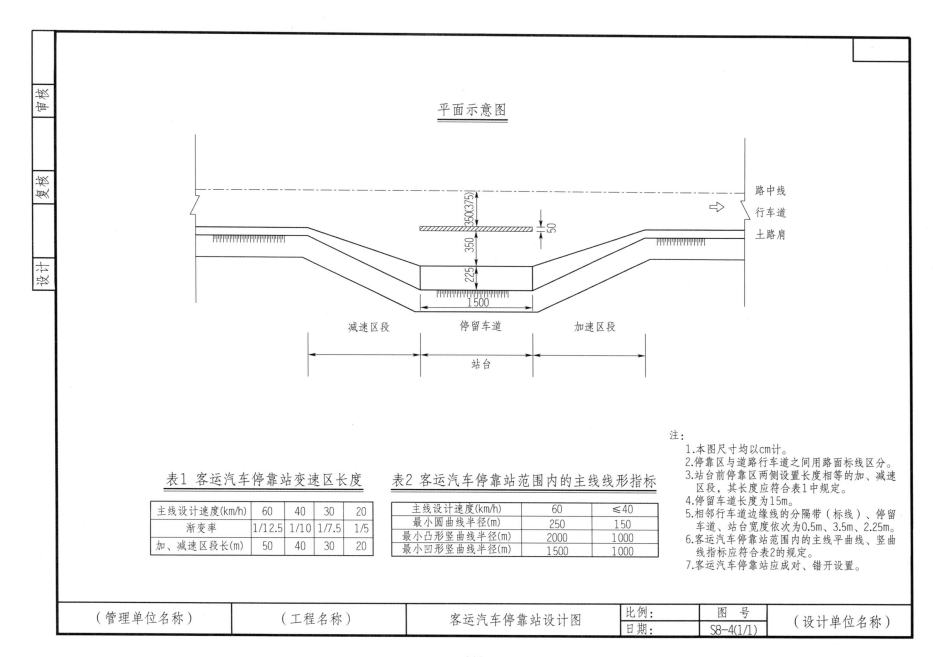

第九篇 筑路材料

筑路材料说明

1 可行性研究报告批复意见执行情况

"筑路材料说明"逐项列出批复及执行情况。与可行性研究报告批复若有不一致则应说明变更依据及理由。

2 沿线筑路材料质量、储量及采运条件

2.1 筑路材料质量、储量

主要筑路材料质量、储量、规格、产出位置、类似项目使用历史等情况的说明。

2.2 运输条件

主要筑路材料的运输条件、运输方式、运输路线及运距说明。

2.3 预制场、拌和场情况说明

预制场、拌和场建设或租赁说明。

3 旧路面材料利用、储运及相关资料

旧路面材料类型、质量、利用、储量、储存方式、地点、运输条件等相关资料说明。

沿线筑路材料料场表

项目名称：

S9-2(1/1)

序 号	料场编号	料场位置或名称	材料名称	上路桩号	支线运距(km)	料场简介	储 量	开采方式	运输方式	通往料场道路情况	备 注

编 制：　　　　　　　　　　　　　　复 核：

石料试验结果汇总表

项目名称：

S9-3(1/1)

序号	料场名称	规格	石料压碎值（%）	洛杉矶磨耗损失（%）	表观相对密度	吸水率（%）	与沥青黏附性	坚固性（%）	针片状颗粒含量(%)			<0.075mm 颗粒含量（%）	软石含量（%）	磨光值（BPN）	备注
									混合料	>9.5mm	<9.5mm				

注：本表为石料的试验资料表，实际工程中还应包括砂、沥青、改性沥青、沥青混合料等。

编 制： 复 核：

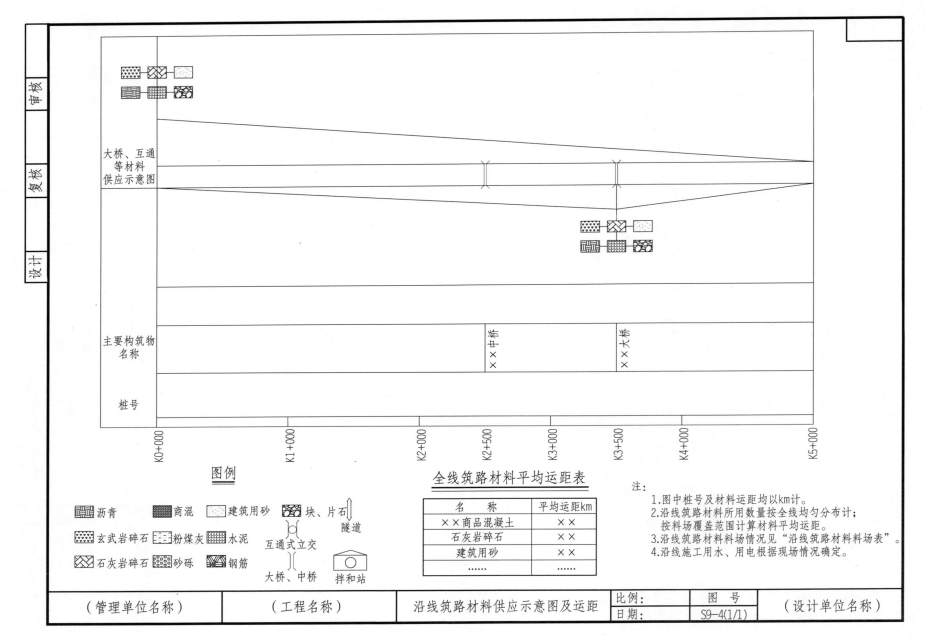

第十篇 施工组织计划

施工组织计划说明

1　可行性研究报告批复意见执行情况

"施工组织计划说明"逐项列出批复及执行情况。与可行性研究报告批复若有不一致则应说明变更依据及理由。

2　施工组织计划

（1）施工期限的总体安排,控制性工程项目的施工。

（2）主要工程、控制工期的工程和特殊工程的施工组织。施工组织包括准备工作、材料开采和运输、路基工程、路面工程、桥涵、交叉工程等。

（3）临时工程的安排。临时施工便道、构件运输轨道和桥上架设轨道等的设置情况。

（4）建议。施工准备工作的意见。

3　交通组织设计

断交施工,绕行其他道路。

（1）交通组织应急预案及保障措施

应组成强有力组织机构、完善交通组织管理体系。应针对各施工阶段的交通组织形式,制定详细、可操作的救援及预案工作。包括应急开口的管理及启动机制、救援车辆的配置、管理人员的配备等。

（2）临时交通工程及沿线设施设计

临时交通标志、标线、水马等其他临时安全设施的设置形式、材料性能要求等。

施工便道主要工程数量表

项目名称：

S10-2(1/1)

序号	位置或桩号	工程说明	位置	便道标准与规模					工程数量					备注
				新建	改建	原有道路养护	路基宽度	路面类型	路基填方	挖土方	路面	临时涵洞	便桥	
				长度(m)	(km)	(m)			(m^3)	(m^3)	(m^2)	(道)	(座)	
合计														

复核： 　　　　　　　　　　　　　　　　　　　　　　　　　审核：

其他临时工程数量表

项目名称: S10-3(1/1)

序号	工程名称	位置地点或桩号	工程说明	便桥 (m/座)	电力线 主线 (km)	电力线 支线 (km)	电信线 (km)	轨道(32kg) 路基 (m)	轨道(32kg) 桥面 (m)	场地平整 (m²)	拌和站 (座)	临时码头 (m)	10cm厚C20水泥混凝土 (m²)	20cm厚级配碎石 (m²)	备注
1	2	3	4	5	6	7	8	9	10	11	12	13	14	15	16
1	电力电信线		临时线路												
2	××大桥		铺设轨道												
3	施工单位驻地														
4	预制场														
5	钢筋加工场														
6	沥青拌和站														
7	水泥混凝土拌和站														
8	基层、底基层拌和站														
	……														
	合计														

编制: 复核:

公路临时用地表

项目名称：　　S10-4(1/1)

序号	位置或桩号	工程名称	施工便道		新建/改建	所属县乡村	临时用地类别及数量（亩）					土地还耕类别及数量(亩)					备注
			长度(m)	宽度(m)			合计	水田	水浇地	旱地	……	合计	水田	水浇地	旱地	……	
		公路施工便道															
1		……															
		施工场地															
1		施工单位驻地															
2		预制场															
3		钢筋加工场															
4		沥青拌和站															
5		水泥混凝土拌和站															
6		基层、底基层拌和站															
7		……															
		合　计															

编　制：　　复　核：

临时交通工程设置一览表

项目名称： S10-5(1/1)

序 号	安 全 设 施		数 量	单 位	备 注
1	标 志	施工区域距离标志		个	
		施工绕行路线公告牌		个	
		……	……		
		……	……		
		……	……		
2	其 他	频闪信号灯		个	
		水马		个	
		……	……		
		……	……		
		……	……		
		……	……		
……	……				

编制： 复核：

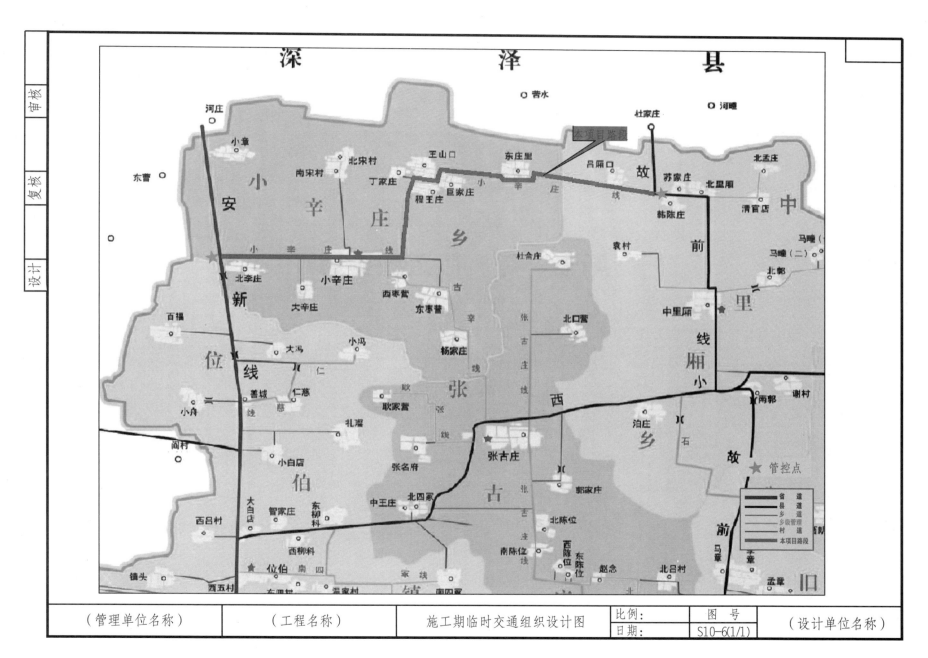

施工期临时交通组织设计图 S10-6(1/1)

第十一篇 施工图预算

施工图预算说明

1 项目概况

项目所在路段工程规模、建设标准、建设年代;项目总体设计方案,包括设计范围、改内容等。

2 编制依据

现行规范、标准;项目相关设计文件、养护资料等。

3 有关单价及费用标准

费用组成及有关单价和取费标准。

4 施工图预算

工程总预算及主要组成。

5 施工图预算与上一阶段费用对比情况说明

施工图预算与上一阶段费用对比情况说明,简要分析两阶段费用差的原因。

表 A.0.2-5 总预算表

建设项目名称：
编制范围：

第1页 共1页 01表

分项编号	工程或费用名称	单 位	数 量	金额(元)	技术经济指标	各项费用比例(%)	备 注
1	第一部分 建筑安装工程费	公路公里					建设项目路线总长度(主线长度)
110	专项费用	元					
11001	施工场地建设费	元					
11002	安全生产费	元					
2	第二部分 土地使用及拆迁补偿费	公路公里					
3	第三部分 工程建设其他费	公路公里					
4	第四部分 预备费	公路公里					
401	基本预备费	元					
402	价差预备费	元					
5	第一至四部分合计	公路公里					
6	建设期贷款利息	公路公里					
7	公路基本造价	公路公里					

编制： 复核： S11-2(1/1)

表 A.0.2-6　人工、主要材料、施工机械台班数量汇总表

建设项目名称：

编制范围：

第1页 共1页　02表

代号	规格名称	单 位	单价(元)	总数量	分项统计								场外运输损耗		
数量												辅助生产	%	数 量

编制：　　　　　　　　复核：

S11-3(1/1)

表 A.0.2-7 建筑安装工程费计算表

建设项目名称：

编制范围：

第 1 页 共 1 页　　03 表

| 序号 | 分项编号 | 工程名称 | 单位 | 工程量 | 定额直接费（元） | 定额设备购置费（元） | 直接费(元) | | | | 设备购置费 | 措施费 | 企业管理费 | 规费 | 利润(元) | 税金(元) | 金额合计(元) | |
							人工费	材料费	施工机械使用费	合计					费率(%) 7.42%	税率(%) 9.0%	合计	单价
1	2	3	4	5	6	7	8	9	10	11	12	13	14	15	16	17	18	19
1		合计	公路公里															

编制：　　　　　　　　　　　复核：

S11-4(1/1)

表 A.0.2-8 综合费率计算表

建设项目名称：
编制范围：

第1页 共1页　04表

序号	工程类别	措施费(%)											企业管理费(%)						规费(%)						
		冬季施工增加费	雨季施工增加费	夜间施工增加费	高地区施工增加费	原风沙地区施工增加费	沿海地区施工增加费	行车干扰施工增加费	施工辅助费	工地转移费	综合费率		基本费用	主副食运费补贴	职工探亲路费	职工取暖补贴	财务费用	综合费率	养老保险费	失业保险费	医疗保险费	工伤保险费	住房公积金	综合费率
											Ⅰ	Ⅱ												
1	2	3	4	5	6	7	8	9	10	11	12	13	14	15	16	17	18	19	20	21	22	23	24	25
01	土方																							
02	石方																							
03	运输																							
04	路面																							
05	隧道																							
06	构造物Ⅰ																							
06-1	构造物Ⅰ(绿化)																							
07	构造物Ⅱ																							
08	构造物Ⅲ(一般)																							
08-1	构造物Ⅲ(室内)																							
08-2	构造物Ⅲ(桥梁)																							
08-3	构造物Ⅲ(设备安装)																							
09	技术复杂大桥																							
10	钢材及钢结构(一般)																							
10-1	钢材及钢结构(桥梁)																							
10-2	钢材及钢结构(金属标志牌等)																							

编制：　　　　　　　　　　　　　　复核：

S11-5(1/1)

表 A.0.2-9 综合费计算表

建设项目名称：
编制范围：

第1页 共1页　04-1表

| 序号 | 工程类别 | 措施费(%) ||||||||| 综合费率 || 企业管理费(%) ||||| 规费(%) ||||| 综合费率 |
		冬季施工增加费	雨季施工增加费	夜间施工增加费	高原地区施工增加费	风沙地区施工增加费	沿海地区施工增加费	行车干扰施工增加费	施工辅助费	工地转移费	I	II	基本费用	主副食运费补贴	职工探亲路费	职工取暖补贴	财务费用	综合费率	养老保险费	失业保险费	医疗保险费	工伤保险费	住房公积金	
1	2	3	4	5	6	7	8	9	10	11	12	13	14	15	16	17	18	19	20	21	22	23	24	25
1	合计：																							

编制：　　　　　　　　　　复核：

S11-6(1/1)

表 A.0.2-10　专项费用计算表

建设项目名称：
编制范围：
第 1 页 共 1 页　06 表

序　号	工程或费用名称	说明及计算式	金额(元)	备　注

编制：　　　　　　　　　　　复核：

S11-7(1/1)

表 A.0.2-11　工程建设其他费计算表

建设项目名称：
编制范围：

第 1 页 共 1 页　08 表

序　号	费用名称及项目	说明及计算式	金额(元)	备　注

编　制：　　　　　　　　复　核：

S11-8(1/1)

表 A.0.2-12　人工、材料、施工机械台班单价汇总表

建设项目名称：

编制范围：

第 1 页　共 1 页　09 表

序号	名　称	单　位	代　号	预算单价(元)	备　注	序　号	名　称	单　位	代　号	预算单价(元)	备　注
1	定额基价	元	1999	1.00							

编制：　　　　　　　　　　　　　　　　复核：

S11-9(1/1)

表 A.0.3-1 分项工程预算计算数据表

建设项目名称：
编制范围：　　　　　　　标准定额库版本号：　　　　　　　校验码：　　　　　　第1页 共1页　21-1表

分项编号/定额代号/ 工料机代号	项目、定额 或工料机的名称	单　位	数　量	输入单价	输入金额	分项组价类型 或定额子目取费类别	定额调整情况 或分项算式

编制：　　　　　　　　　　　复核：

S11-10(1/1)

表 A.0.3-3　材料预算单价计算表

建设项目名称：
编制范围：

第1页 共1页　22表

代号	规格名称	单位	原价（元）	运杂费					原价运费合计（元）	场外运输损耗		采购及保管费		预算单价（元）
				供应地点	运输方式、占比及运距(km)	毛质量系数或单位毛质量	运杂费构成说明或计算式	单位运费（元）		费率（%）	金额（元）	费率（%）	金额（元）	

编制：　　　　　　　　　　复核：

表 A.0.3-6　施工机械台班单价计算表

建设项目名称：
编制范围：

第 1 页 共 1 页　24 表

序号	代号	机械名称	台班单价(元)	不变费用(元)		可变费用(元)															车船税	合计
				调整系数 1.0		机械工 元/工日		重油 元/kg		汽油 元/kg		柴油 元/kg		煤 元/t		电 元/kW·h		水 元/m³		木柴 元/kg			
				定额	调整值	定额	费用	定额	费用	定额	费用	定额	费用	定额	费用	定额	费用	定额	费用	定额	费用		

编制：　　　　　　复核：

S11-12(1/1)

第二部分
河北省农村公路养护项目设计文件图表示例

河北省农村公路养护项目设计文件图表示例目录

序号	图表名称	图表编号	页数	页码	序号	图表名称	图表编号	页数	页码
	第一篇 总体设计	S1		142	15	标志一般构造图	S2-2-7	2	
1	项目地理位置图	S1-1	1	143	16	主线标线设计图	S2-2-8	1	
2	说明书	S1-2	2	144	17	减速标线设计图	S2-2-9	1	
3	路线平、纵面缩图	S1-3	1	146	18	平面交叉口标线设计图	S2-2-10	1	
4	主要技术经济指标表	S1-4	2	147	19	路侧波形梁护栏一般构造图	S2-2-11	1	
5	公路平面总体示意图、设计图	S1-5	2	149	20	道口标柱设计图	S2-2-12	1	
	第二篇 路线	S2		151	21	里程碑、百米桩一般构造图	S2-2-13	1	
	路线	S2-1				第三篇 路基、路面	S3		162
1	路线说明	S2-1-1	2	152	1	路基、路面说明	S3-1	2	163
2	路线平面图	S2-1-2	1	154	2	路基标准横断面图	S3-2	1	165
3	路线纵断面图	S2-1-3	1	155	3	路面病害调查统计表	S3-3	1	166
4	直线、曲线及转角表	S2-1-4	1	156	4	路面病害及处治分布图	S3-4	1	167
5	纵坡、竖曲线调整表	S2-1-5	1	157	5	路面病害处治工程数量表	S3-5	1	168
6	路线逐桩坐标表	S2-1-6	1	158	6	路面病害处治设计图	S3-6	6	169
7	控制测量成果表	S2-1-7	1	159	7	平面交叉加铺工程数量表	S3-7	1	175
8	点之记	S2-1-8	1	160	8	平面交叉加铺处理设计图	S3-8	2	176
	安全设施	S2-2		161	9	路基、路面排水工程数量表	S3-9	1	178
9	安全设施说明	S2-2-1	1		10	路基、路面排水工程设计图	S3-10	2	179
10	安全设施工程数量汇总表	S2-2-2	1		11	路基防护工程数量表	S3-11	1	181
11	沿线标志、标线平面布置图	S2-2-3	1		12	路基防护工程设计图	S3-12	2	182
12	安全设施设置一览表	S2-2-4	1		13	附件	S3-13	1	184
13	安全设施材料数量汇总表	S2-2-5	1			第四篇 桥梁、涵洞	S4		185
14	标志板面布置图	S2-2-6	1		1	桥涵说明	S4-1	2	186

续上表

序号	图表名称	图表编号	页数	页码	序号	图表名称	图表编号	页数	页码
2	桥涵病害处治工程数量表	S4-2	1	188	3	其他临时工程数量表	S10-3	1	
3	桥面系病害处治图	S4-3	2	189	4	公路临时用地表	S10-4	1	
4	上部结构病害处治图	S4-4	2	191	5	临时交通工程设置一览表	S10-5	1	
5	下部结构病害处治图	S4-5	3	193	6	施工期临时交通组织设计图	S10-6	1	
	第五篇 隧道(本项目无隧道)	S5		196		第十一篇 施工图预算	S11		
	第七篇 绿化	S7		197	1	施工图预算说明	S11-1	1	
1	绿化说明	S7-1	1		2	总预算表	S11-2	1	
2	绿化数量表	S7-2	1		3	人工、主要材料、施工机械台班数量汇总表	S11-3	1	
3	绿化设计图	S7-3	1		4	建筑安装工程费计算表	S11-4	1	
	第九篇 筑路材料	S9			5	综合费率计算表	S11-5	1	
1	筑路材料说明	S9-1	1		6	综合费计算表	S11-6	1	
2	沿线筑路材料料场表	S9-2	1		7	专项费用计算表	S11-7	1	
3	石料试验结果汇总表	S9-3	1		8	工程建设其他费计算表	S11-8	1	
4	沿线筑路材料供应示意图及运距	S9-4	1		9	人工、材料、施工机械台班单价汇总表	S11-9	1	
	第十篇 施工组织计划	S10			10	分项工程预算计算数据表	S11-10	1	
1	施工组织计划说明	S10-1	1		11	材料预算单价计算表	S11-11	1	
2	施工便道主要工程数量表	S10-2	1		12	施工机械台班单价计算表	S11-12	1	

第一篇 总体设计

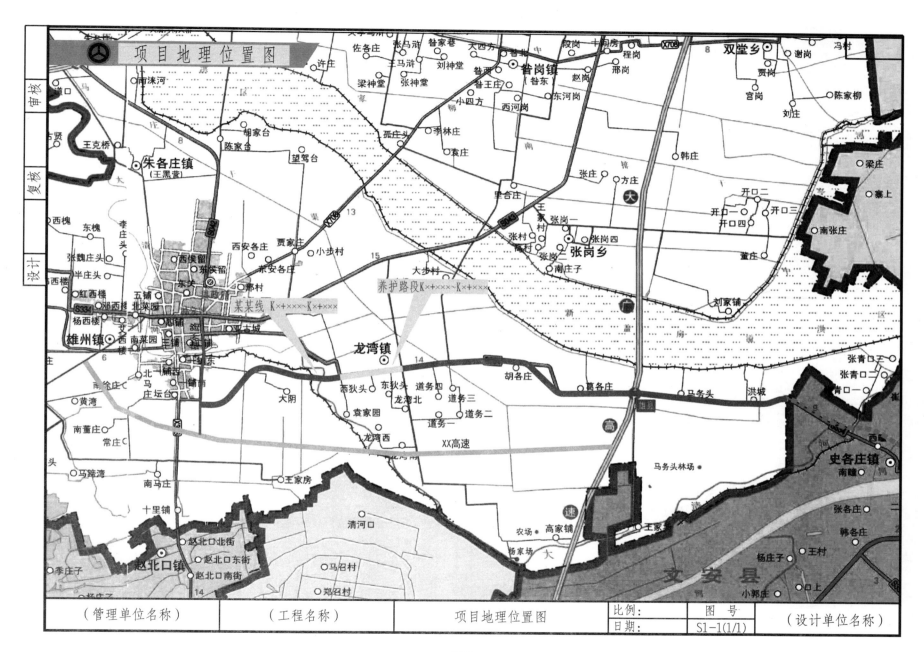

说 明 书

1 工程概述

1.1 项目背景

养护路段概况(位置和规模等)、养护路段基础数据(路线等级、设计速度、路面宽度、路面结构等)、建养历史等。

1.2 测设经过

按时间节点说明从承担该项目可行性研究工作到完成施工图设计的主要经过。

1.3 项目范围

1.4 可行性研究报告批复意见的执行情况

逐项列出可行性研究报告批复及执行情况。与可行性研究报告所拟定的设计方案等若有不一致则应说明变更依据及理由。

2 现状调查和交通量

2.1 现状调查

应进行路面技术状况检测,简要说明路面破损人工调查、测量(断面及高程等)、路面内部病害检测、排水系统状况调查、筑路材料调查状况、交通工程及沿线设施调查等。

2.2 交通量

养护路段交通量分布、增长状况及交通组成等对项目的影响。

3 设计依据

相关规范、规程、历年养护资料(包括历次养护设计文件和竣工文件等)、该项目可行性研究报告及其批复等。

4 设计原则

针对具体项目特点,按照设计规范和技术标准的要求,结合实地勘察情况,阐述设计原则。

5 设计要点

5.1 路线

路线:本项目平面坐标、中央子午线、高程基准。简明列出平面设计及纵断面设计的主要技术指标。

交通工程及沿线设施:简要说明标志、标线等设施的养护方案。

5.2 路基、路面

养护项目分路段、分不同的养护类型(结构性修复、功能性修复、预防养护等)阐明路面主导养护方案。简要说明桥面、路肩石、路缘石、排水、防护、被交路顺接等的养护范围及方案。

5.3 绿化

简要说明项目绿化范围及方案等。

5.4 筑路材料

简要说明项目主要筑路材料的位置、质量、储量、运输条件、运输方式等。

5.5 施工组织计划

扼要说明施工组织计划及总体安排等;简要说明交通组织设计方案。

5.6 施工图预算

列出施工图预算总金额及建筑安装费。

5.7 环境保护

旧路养护维修施工对周围环境的影响、采取的措施及铣刨废料的合理处理等。

5.8 动态设计

养护项目的特殊性、动态设计理念及具体措施。

5.9 新技术、新材料、新设备、新工艺的采用等情况

6 附件

项目路段近期完成相关工程的可行性研究报告批复文件、竣工文件、测设合同、相关协议和会议纪要等材料。

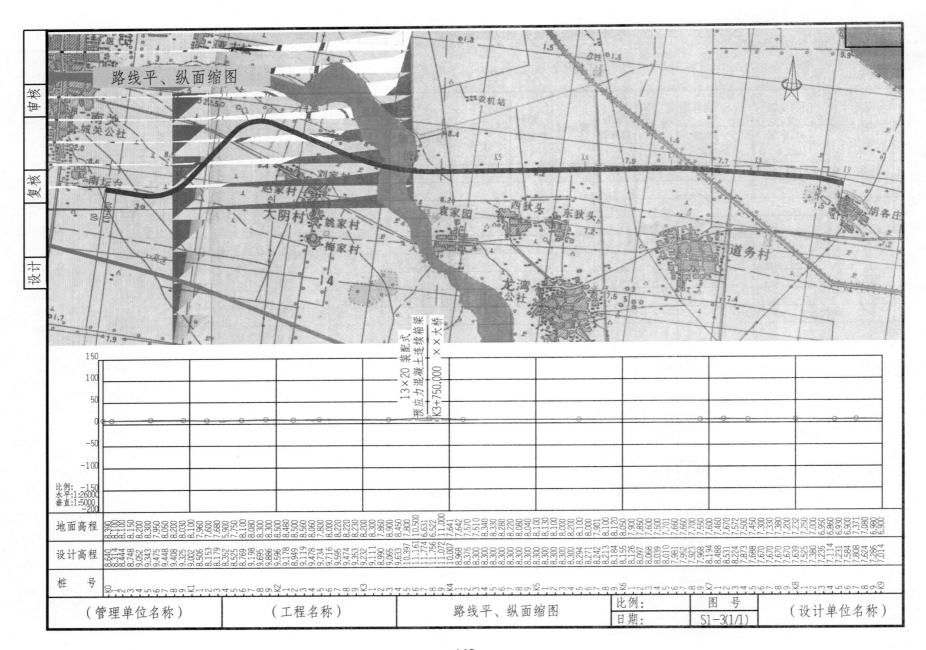

主要技术经济指标表

项目名称：

S1-4（1/2）

序号	指 标 名 称	单 位	技术经济指标	备 注	序号	指 标 名 称	单 位	技术经济指标	备 注
1	2	3	4	5	1	2	3	4	5
	一、基本指标				14	路基宽度			
1	公路等级	级				路基宽××m	km		
2	计算行车速度					……			
	三级公路	km/h			15	平均路基高度	m		
	四级公路	km/h			16	路基土石方数量			
3	交通量	辆/昼夜				……	$10^3 \times m^3$		
4	预算总金额	万元			17	平均每公里土石方	$10^3 \times m^3$		
5	结构性修复	万元			18	防护及排水工程			
	平均每公里造价	万元				挡土墙	延米		
	单位面积造价	元/m²				防护工程	延米		
6	功能性修复	万元				排水工程	延米		
	平均每公里造价	万元			19	路面结构类型及宽度			
	单位面积造价	元/m²				沥青混凝土 路面宽××m	km		
7	预防养护	万元				……			
	平均每公里造价	万元			20	结构性修复面积			
	单位面积造价	元/m²				上面层	m²		
	二、路线					……			
8	路线长度	km				下承层病害治理	m²		
9	最大纵坡	%/处			21	功能性修复面积			
10	最短坡长	m/处				表面层处治方式	m²		
11	平均每公里纵坡变更次数	次				下承层病害治理	m²		
12	竖曲线最小半径				22	预防养护面积(说明具体养护措施)			
	凸形	m/个				预防养护措施	m²		
	凹形	m/个				下承层病害治理	m²		
13	竖曲线占路线总长	%			23	沥青混凝土桥面养护			
	三、路基、路面					桥涵	m/座		

编 制：　　　　　　　　　　　　　　　　　　　　　　　　　　　　　　　　　　　　　　　复 核：

主要技术经济指标表

项目名称：　　S1-4(2/2)

序号	指 标 名 称	单 位	技术经济指标	备 注	序号	指 标 名 称	单 位	技术经济指标	备 注
1	2	3	4	5	1	2	3	4	5
	桥面铺装处治措施	m²							
24	平交口数量								
	一级公路平交口	处							
	二级公路平交口	处							
	三级公路平交口	处							
	四级公路平交口	处							
	等级外公路平交口	处							
25	路肩石更换长度	延米							
26	……								
	四、交通工程及沿线设施								
27	标志	块							
28	标线	m²							
29	……								

编　制：　　　复核：

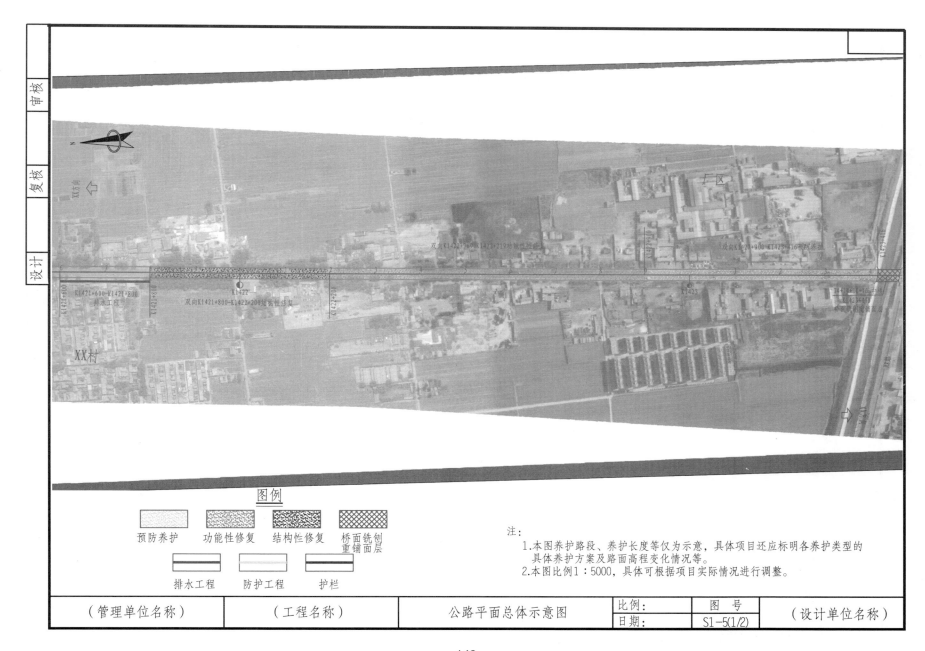

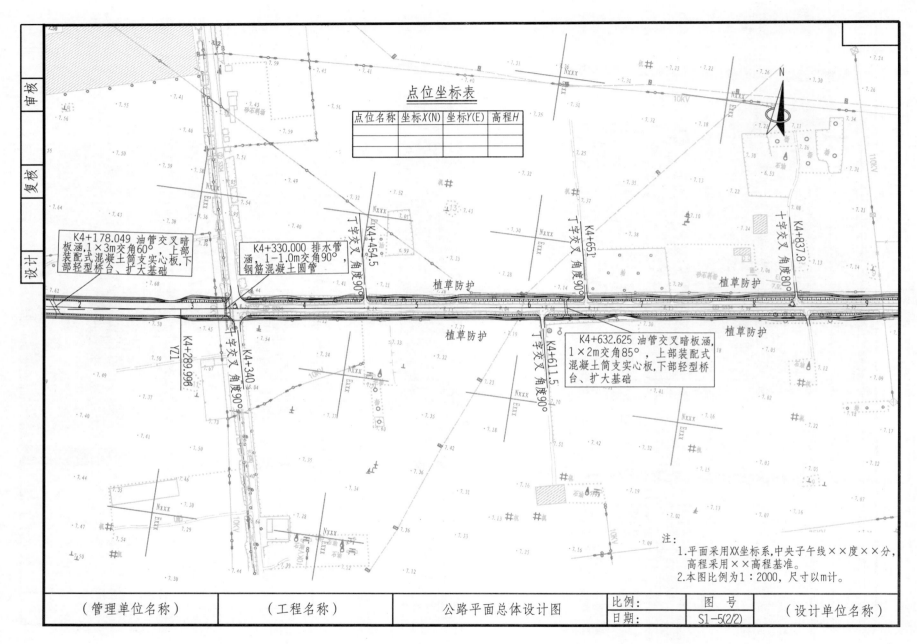

第二篇　路　线

路 线 说 明

1 可行性研究报告批复意见执行情况

建设规模、技术标准按可行性研究报告批复意见执行,路线方案符合可行性研究报告的批复要求。所拟定的设计方案如有不一致应说明变更依据及理由。

概述施工图设计阶段对上阶段的优化设计。

2 路线平面、纵断面设计说明

2.1 技术指标

详细描述本项目路线的技术标准,建议以表格形式列出,包括建设标准、设计速度、路基宽度、桥涵设计汽车荷载等级、大中小桥设计洪水频率等。其余指标均按现行《小交通量农村公路工程技术标准》(JTG 2111—2019)及有关设计规范执行。

2.2 路线走向及设计范围

对路线走向及设计范围进行详细描述,包括沿线主要城镇、公路、铁路及河流等。

2.3 平、纵面设计线位置

对平面设计线、设计高程和超高旋转轴的位置进行描述。

2.4 路线平纵面设计

对路线平面、纵断面的设计原则和采用的技术指标进行描述,建议以表格形式列出。它主要包括路线设计全长、平曲线设置个数,最小圆曲线半径、最大圆曲线半径、平曲线占路线总长、竖曲线设置个数、最大纵坡、最短坡长、竖曲线占路线总长等(表6.2-1)。

路线技术指标表　　　表6.2-1

序号	项 目	规范要求值	设计采用值
1	公路等级		
2	设计速度		
3	路基宽度		
4	行车道宽度		
5	最大偏角		
6	最小偏角		

续上表

序号	项　　目		规范要求值	设计采用值
7	最小平曲线半径			
8	最大直线长			
9	最短直线长			
10	最大纵坡			
11	最小坡长			
12	竖曲线最小半径	凸形		
		凹形		
13	竖曲线占路线总长			
14	……			

3　施工注意事项

详细介绍本项目施工过程中应特别注意的事项,如保护和加固导线点;严格控制各变坡点,不得随意变更;对小桥涵进行施工放样等事项。

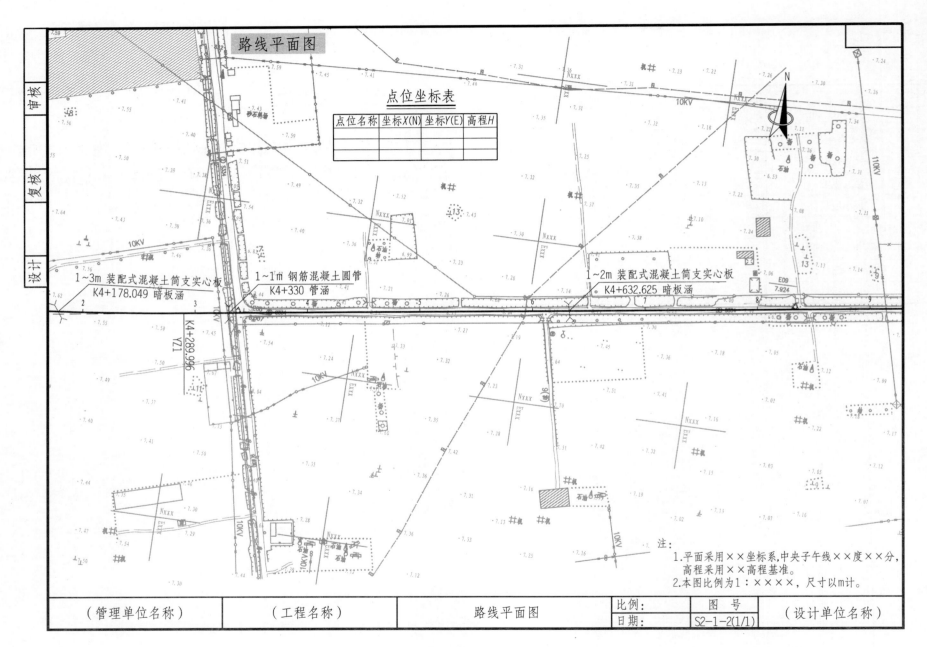

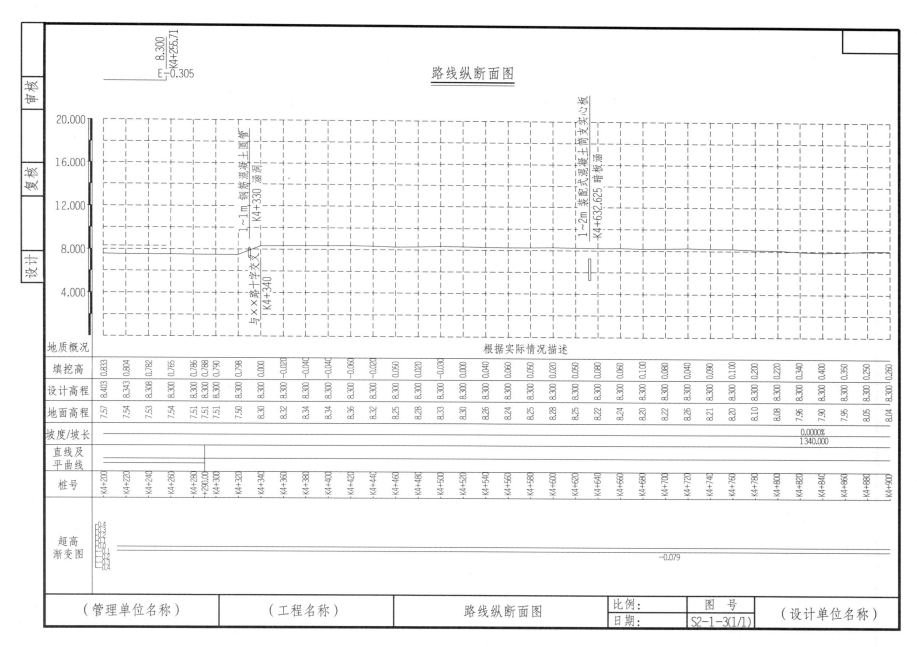

直线、曲线及转角表

交点号	交点坐标		交点桩号	转角值		曲线要素值(m)									曲线位置					其他参数			备注
				左转 (° ′ ″)	右转 (° ′ ″)	半径 R	第一缓和曲线参数 A_1	第一缓和曲线长度 L_1	第二缓和曲线参数 A_2	第二缓和曲线长度 L_2	第一切线长度 T_1	第二切线长度 T_2	曲线长度 L	外矢距 E	第一缓和曲线起点 ZH	第一缓和曲线终点 HY(ZY)	曲线中点 QZ	第二缓和曲线起点 YH(YZ)	第二缓和曲线终点 HZ	直线长度 (m)	交点间距 (m)	计算方位角 (° ′ ″)	
X	Y																						

（管理单位名称） （工程名称） 直线、曲线及转角表 （设计单位名称）

图号 S2-1-4(1/1)

纵坡、竖曲线调整表

序号	变坡点桩号	高程(m)	纵坡(%)	坡长(m)	竖曲线要素及曲线位置							直坡段长(m)	备注
					坡差(%)	半径(凸)	半径(凹)	T	L	E	起点	终点		
合计														

(管理单位名称)	(工程名称)	纵坡、竖曲线调整表	比例：	图号	(设计单位名称)
			日期：	S2-1-5(1/1)	

路线逐桩坐标表

桩号	坐标		桩号	坐标		桩号	坐标		桩号	坐标	
	X	Y		X	Y		X	Y		X	Y

审核　复核　设计

| （管理单位名称） | （工程名称） | 路线逐桩坐标表 | 比例：
日期： | 图号
S2-1-6(1/1) | （设计单位名称） |

控制测量成果表

项目名称：

S2-1-7(1/1)

点 号	坐 标		高 程	备 注	点 号	坐 标		高 程	备 注
	X	Y	H			X	Y	H	
	注： 1. 本项目平面采用××坐标系，中央子午线××：×××°。 2. 高程采用××高程系统。								

编 制：　　　　　　　　　　　　　　　　　　　　　　　　　　　　复 核：

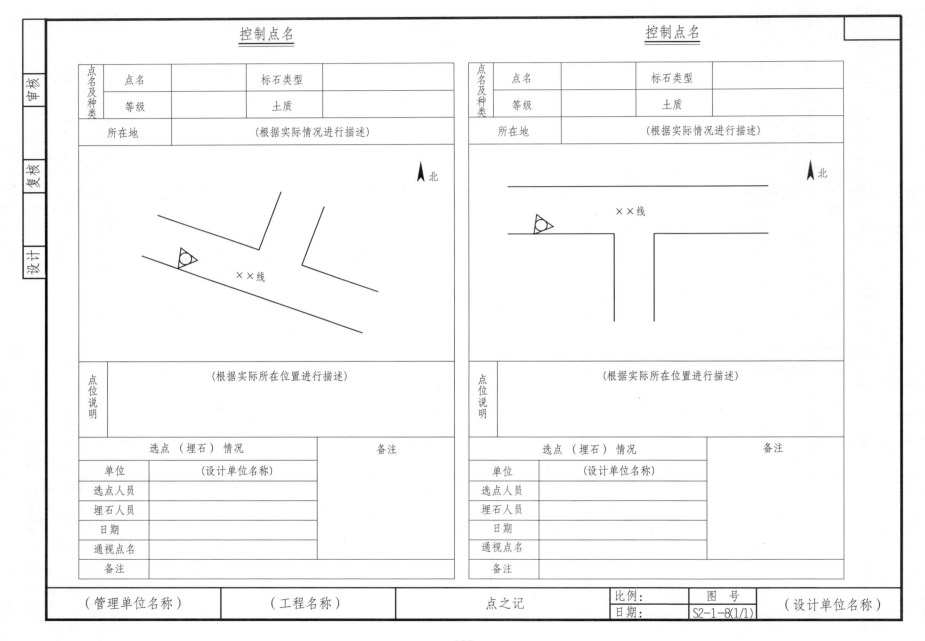

安全设施,参照"第一部分　河北省农村公路新改建项目设计文件图表示例"中该章节。

第三篇　路基、路面

路基、路面说明

1 养护范围和养护路段基本技术资料

包括养护范围、养护资料和养护路段基本技术资料等。

2 设计方案

介绍路基、路面病害现状及调查检测结果分析。全面详细说明本次治理方案,包括路基路面治理、排水设施改造,以及防护设施改造方案等。

3 相关问题解决方案

包括上跨结构物净空限制、桥梁结构物及伸缩缝处理、平交口衔接处理、沥青路面施工接缝的处理等问题的解决方案。

4 材料组成及技术要求

4.1 沥青混合料

1) 原材料要求

(1) 沥青

(2) 粗集料

(3) 细集料

(4) 填料

……

2) 混合料配合比设计和性能检验

4.2 水泥混凝土

(1) 水泥

(2) 掺和料

(3) 粗集料与再生粗集料

(4) 细集料

……

4.3 水泥稳定碎石基层

1) 原材料要求

2) 混合料配合比设计和性能检验

4.4 黏结防水层、黏层、透层等

……

5 施工要求及注意事项

5.1 路面验收标准

沥青混合料路面、水泥混凝土路面等,应分别明确相关检查项目的规定值或允许偏差、检查方法和频率、试验方法等。

5.2 沥青混凝土施工要点

5.3 水泥混凝土施工要点

5.4 水泥稳定碎石施工要点

……

6 附件

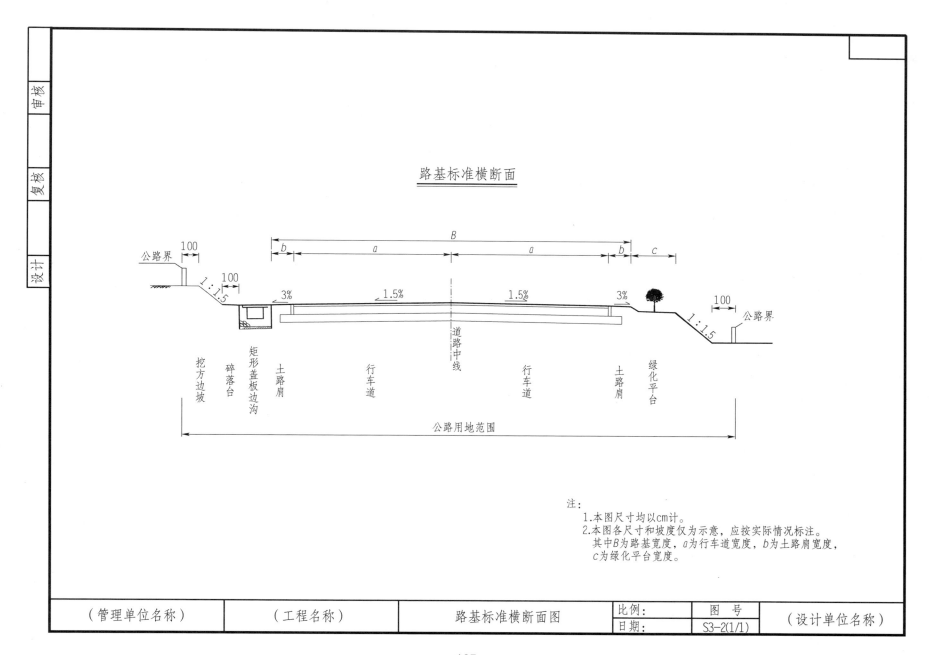

路面病害调查统计表

项目名称：   S3-3(1/1)

序号	起止桩号	方向	病害类型	面积			总面积	备注
				轻 (m²)	中 (m²)	重 (m²)	(m²)	
1	K×××~K×××	上行	龟裂					
			沉陷					
			……					
2	K×××~K×××	下行	龟裂					
			沉陷					
			……					

编制：   复核：

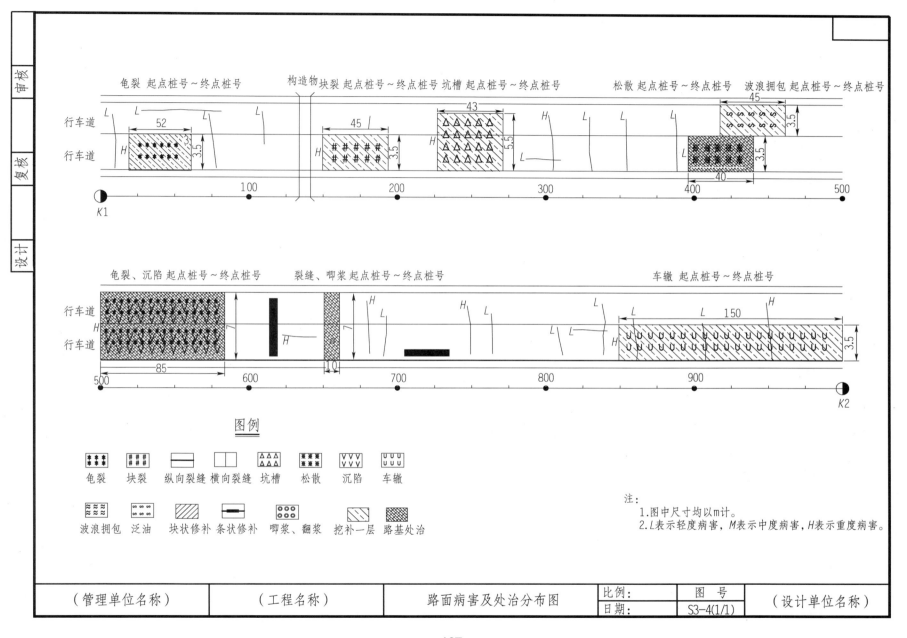

路面病害处治工程数量表

项目名称：　　S3-5（1/1）

序号	起止桩号	方向	路段长度 (m)	治理宽度 (m)	治理深度 (cm)	车道位置	病害类型	铣刨/挖除工程量				新铺工程量					细部工程量		其他工程量		备注
								铣刨5cm面层 (m²)	挖除18cm基层 (m²)	挖除22cm水泥路面 (m²)	……	新铺5cm AC-16C中粒式沥青混凝土 (m²)	新铺18cm沥青稳定碎石 (m²)	新铺22cm水泥路面 (m²)	普通沥青黏结防水层 (m²)	乳化沥青透层 (m²)	……	侧壁涂刷沥青 (m²)	……	路肩石 (m³)	……	
合计																					

编　制：　　　复核：

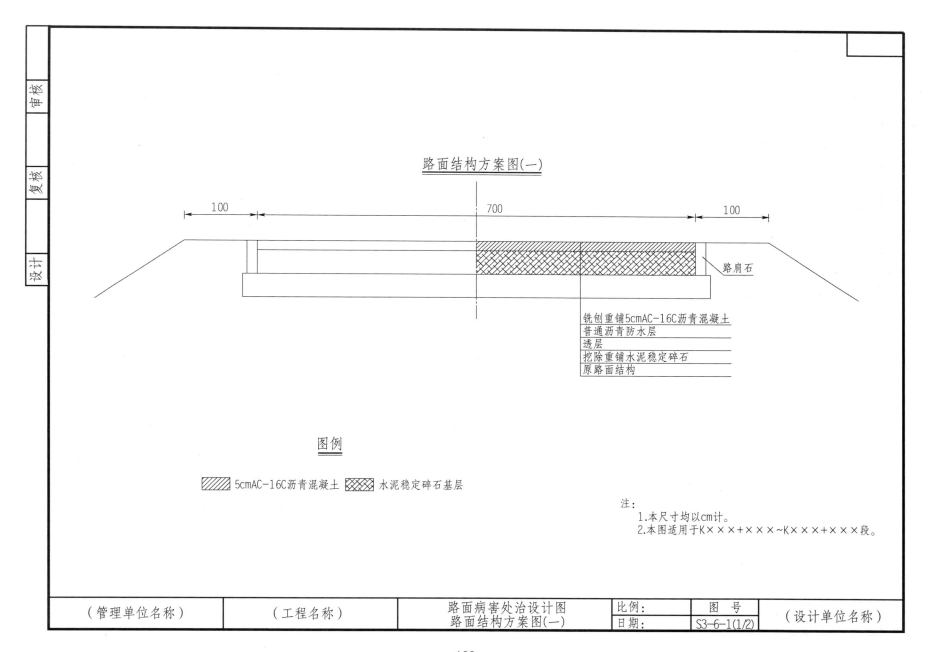

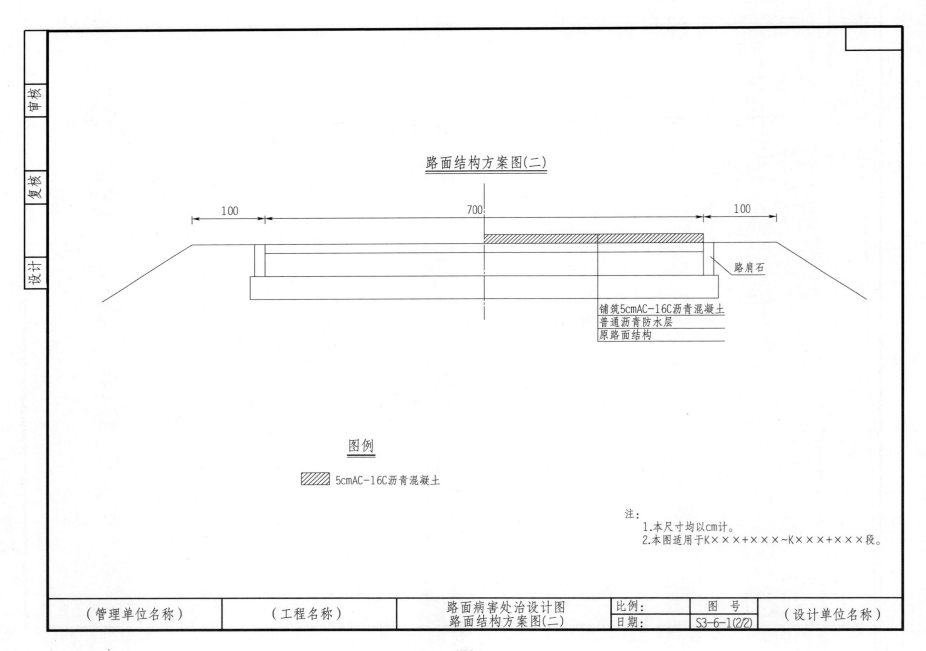

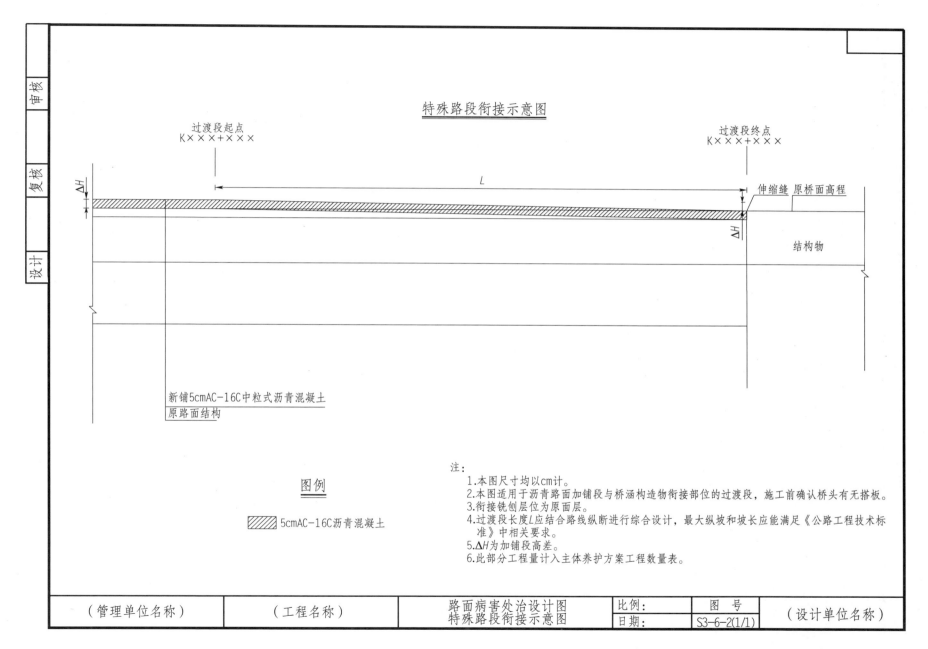

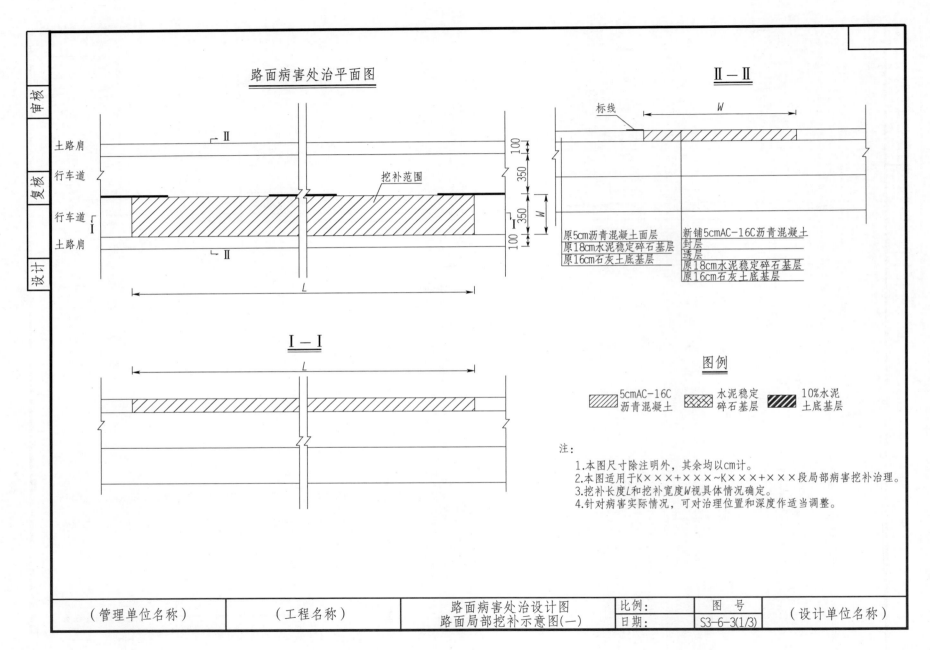

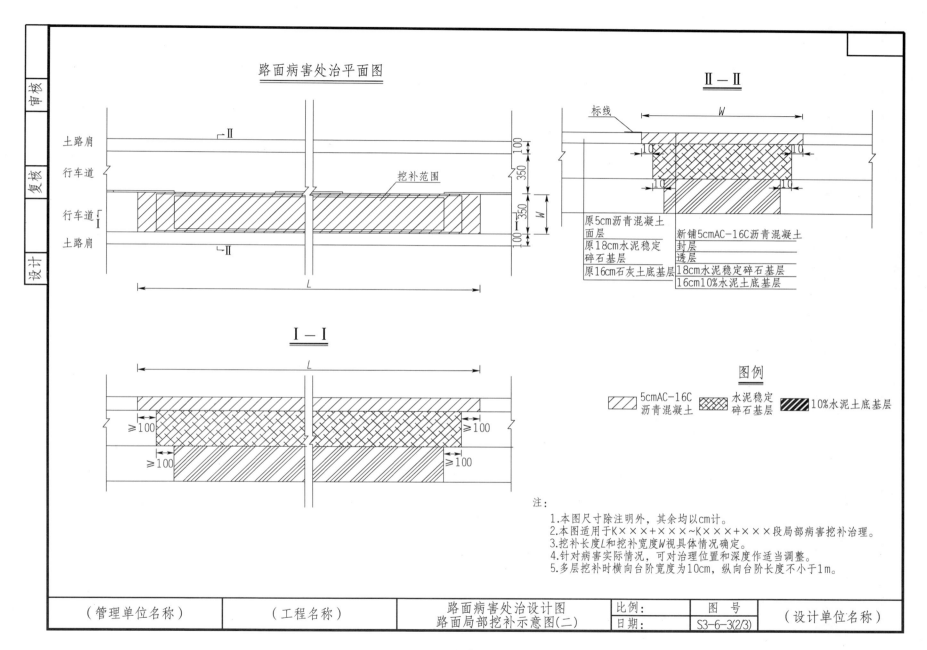

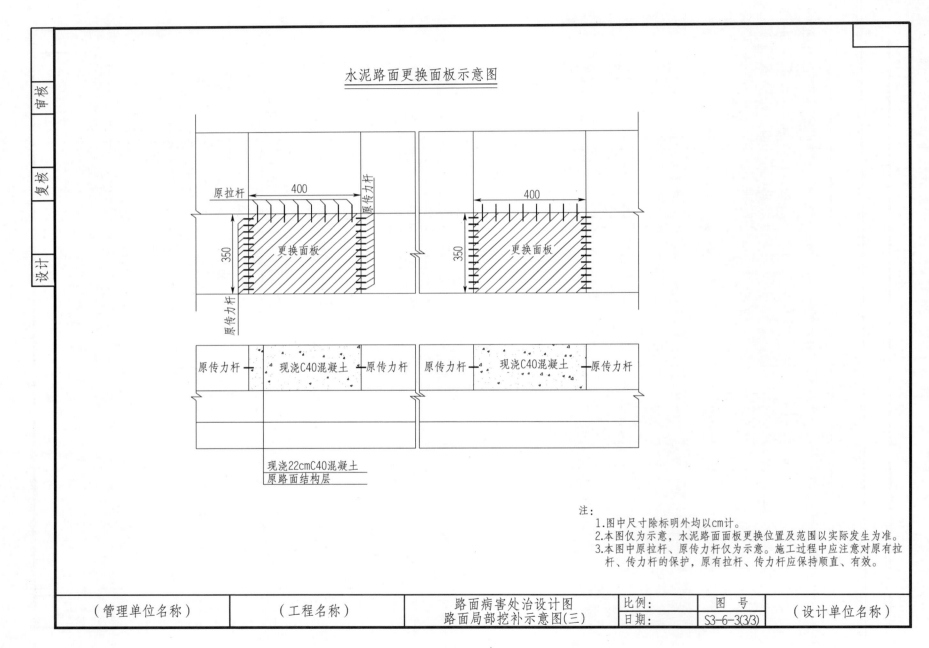

平面交叉加铺工程数量表

项目名称： S3-7（1/1）

序号	中心桩号	被交路名称或说明	交角（°）	转角半径	被交路等级	被交路面类型	被交路面宽度	铣刨工程量	新铺工程量					备注
								衔接铣刨	新铺5cm AC-16C 中粒式沥青混凝土	普通沥青防水黏结层	乳化沥青透层	新铺18cm 水泥稳定碎石	……	
								（m²）	（m²）	（m²）	（m²）	（m²）		
合计														

编制： 复核：

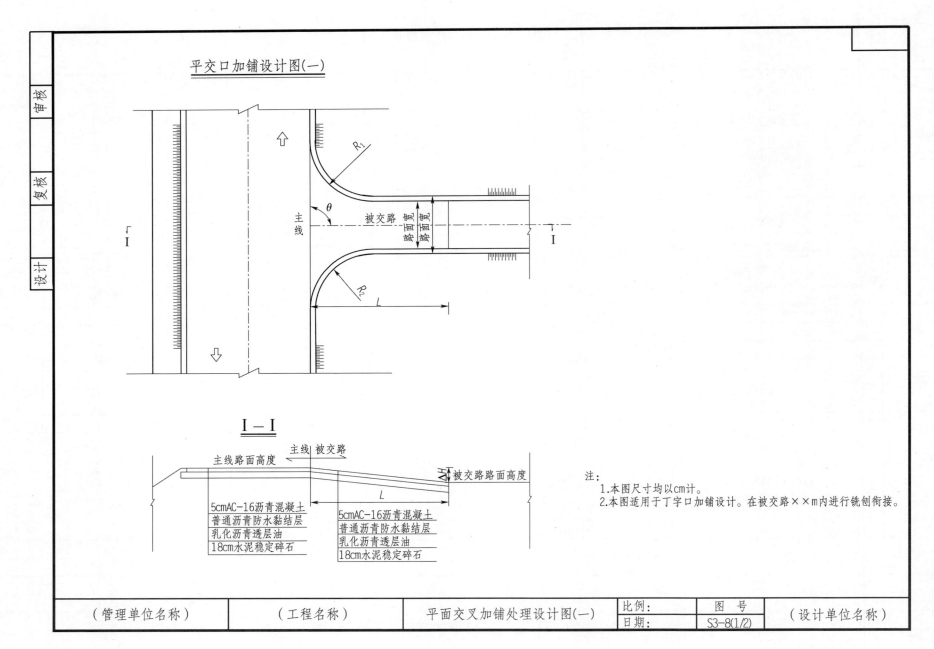

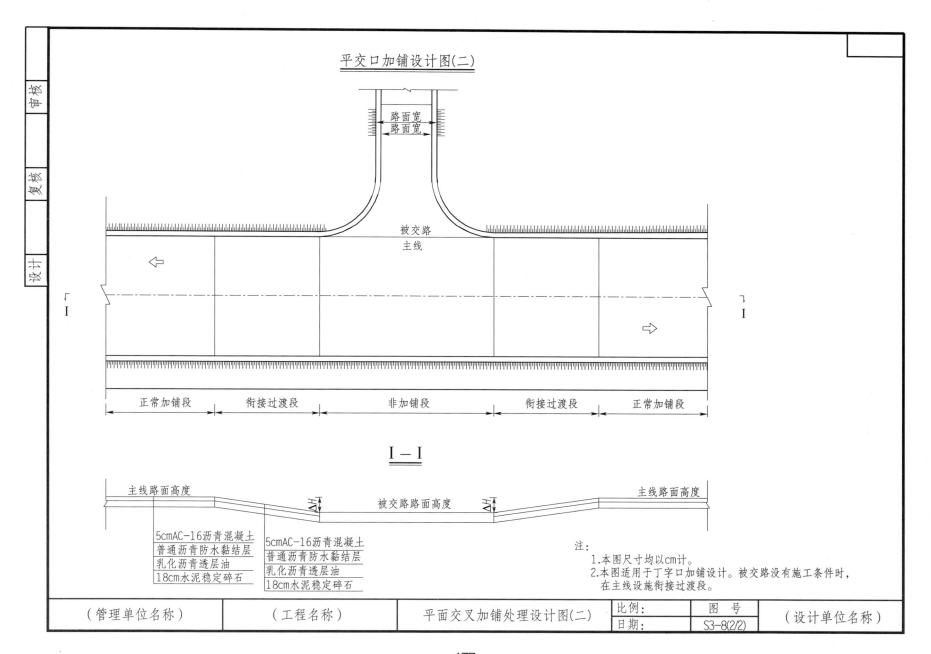

路基、路面排水工程数量表

项目名称：　　S3-9(1/1)

序号	起讫桩号	路段长度 (m)	工程名称	主要尺寸说明	开挖土方 (m³)	砂砾垫层 (m³)	M7.5浆砌片石 (m³)	C25混凝土 (m³)	C25盖板混凝土 (m³)	钢筋 直径14mm (kg)	钢筋 直径8mm (kg)	……	备注
合计													

编制：　　　　　　　　　　　　　　　　　　　　　　　　　　　　　　　　　　　　　　　复核：

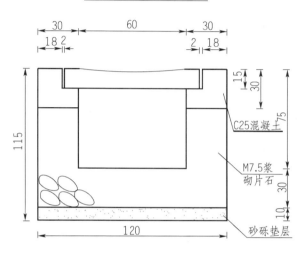

矩形盖板边沟断面图

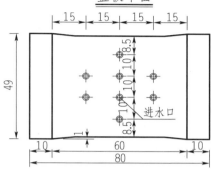

盖板平面

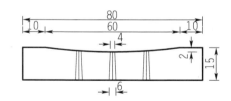

盖板纵断面

工程数量表

工程项目	矩形盖板边沟（不含盖板）			
工程名称	砂砾垫层	浆砌片石	C25混凝土	开挖土方
单位	m³/m	m³/m	m³/m	m³/m
数量				

注：
1. 图中尺寸均以cm计。
2. 本图各尺寸仅为示意，应按实际情况标注。

路基、路面排水工程设计图(一)　　图号 S3-10(1/2)

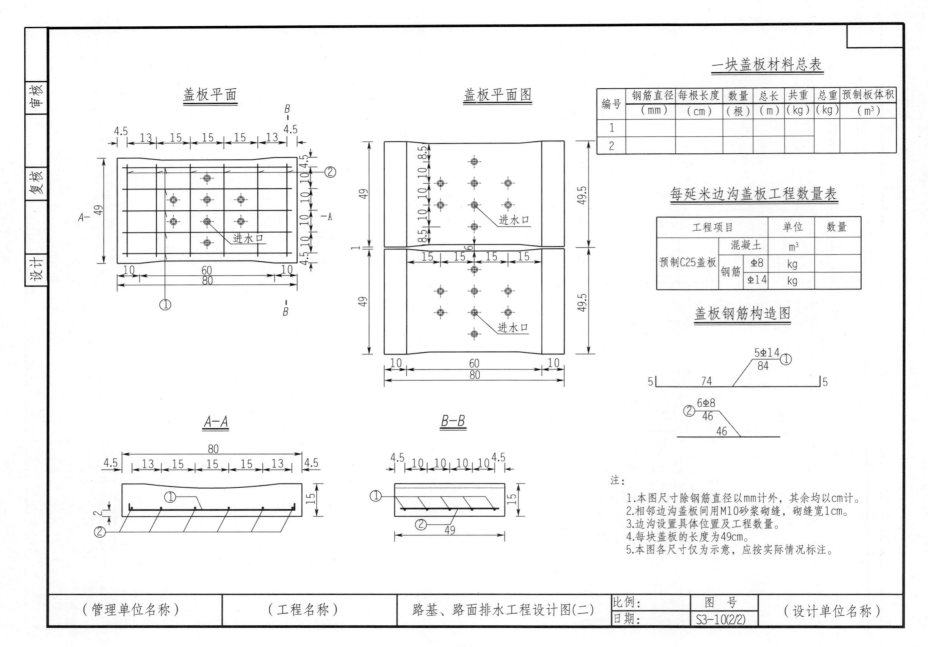

路基防护工程数量表

项目名称：	S3-11(1/1)

序号	起讫桩号	路段长度 (m)	位　置	工程名称	主要尺寸及说明	浆砌片石 (m³)	混凝土 (m³)	矿渣混凝土空心砖 (块)	植　草 (m²)	…… ……	…… ……	备　注
	合　计											

编　制：	复　核：

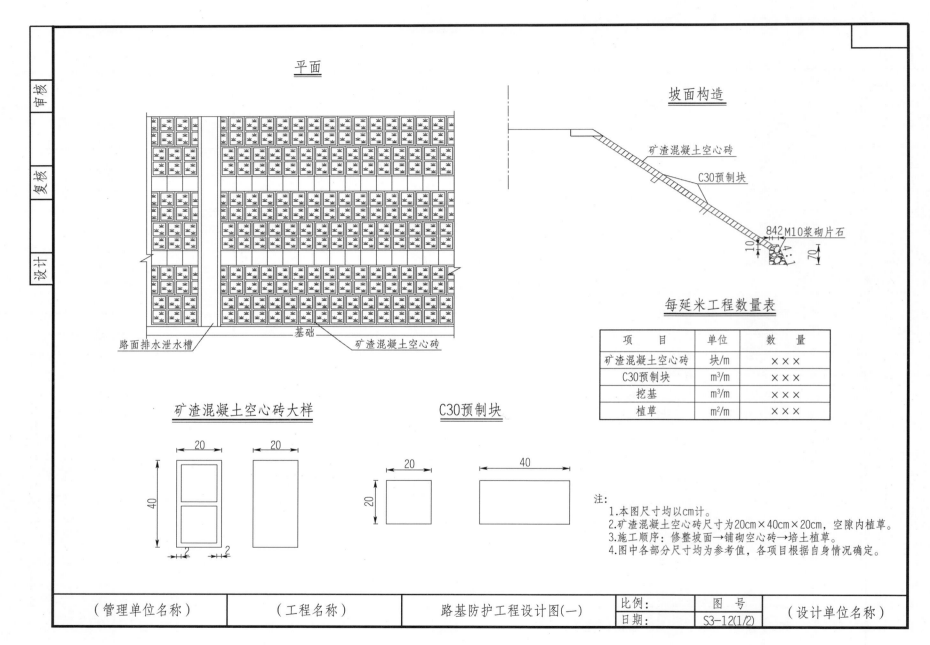

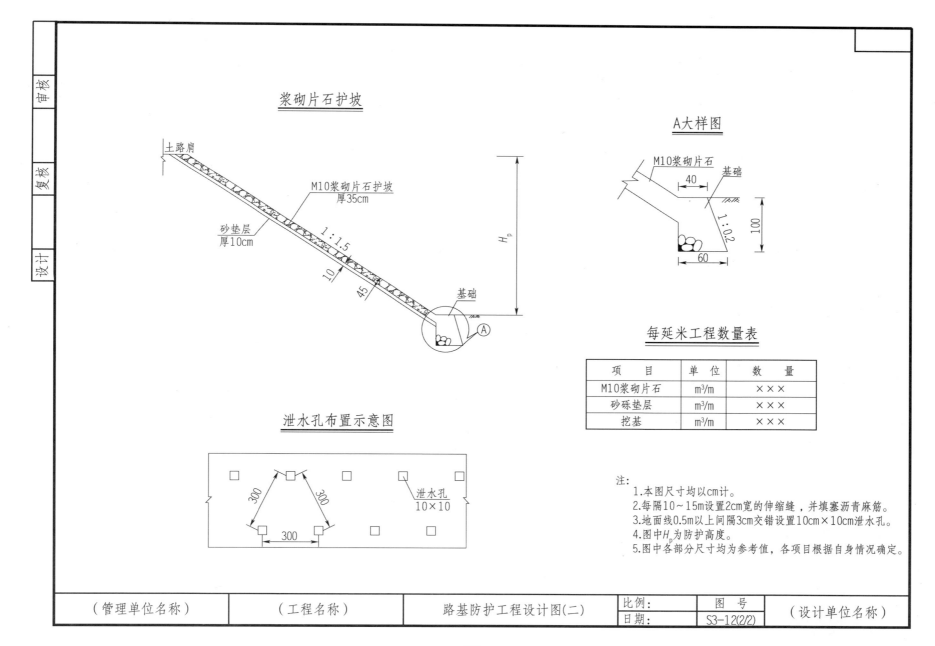

附 件

1 路面结构验算

进行结构性修复的工程,应进行路面结构验算。

2 路面材料配合比设计试验报告(略)

第四篇 桥梁、涵洞

桥涵说明

1 概述

1.1 项目背景

介绍病害桥涵所在道路的总体情况,包含道路等级、交通量等情况。

1.2 项目范围

项目涉及的桥涵病害类型、病害部位等情况。桥梁基本情况,包括中心桩号、跨径组合、夹角,桥梁上、下部结构形式。

2 设计依据及规范

列举设计过程中涉及的批复文件等设计依据及相关规范。

3 桥梁检查结论

含桥涵技术状况评定结果等。

4 桥涵病害现状及原因分析

含桥涵病害位置、病害形式、病害程度及病害产生的原因。

5 设计方案

5.1 设计原则

方案设计遵从的原则及指导方针。

5.2 桥涵病害治理方案

含不同病害的具体处治方案。

6 主要材料

列出本工程的相关材料的强度等级、型号、尺寸及性能指标等材料要求。

7 施工要点及注意事项

有关模板搭设、混凝土浇筑等的施工工艺、材料要求及质量检验标准及其他施工注意事项。改(扩)建工程还应当包含新旧构造物的搭接问题。

8 其他

补充说明施工过程中其他应尽事宜,如环保要求、安全施工及交通组织等要求。

桥涵病害处治工程数量表

项目名称：

S4-2(1/1)

序号	桩号	桥梁名称	跨径(m)	上部结构类型	重做桥面铺装						梁底粘贴碳板			聚合物水泥砂浆修复		裂缝封闭		桥台锚杆加固				备注
					SBS改性乳化沥青黏层油	CX高性能微膨胀防水混凝土	HPB300钢筋	HRB400钢筋	聚丙烯纤维	凿除水泥混凝土	碳纤维板	垫块	聚氨酯面漆	聚合物水泥砂浆	凿除劣化的混凝土	裂缝灌浆($W \geq 0.15mm$)	环氧树脂浆液($W < 0.15mm$)	HRB400钢筋	CX混凝土	直径孔长度ϕx	凿毛台身混凝土面积	
					(m²)	(m³)	(kg)	(kg)	(kg)	(m³)	(m²)	(m²)	(m²)	(m²)	(m³)	(m)	(m)	(kg)	(m³)	(m)	(m²)	
		合计																				

编制：　　　　　　　　　　　　　　　　　　　　　　　　　　　　复核：

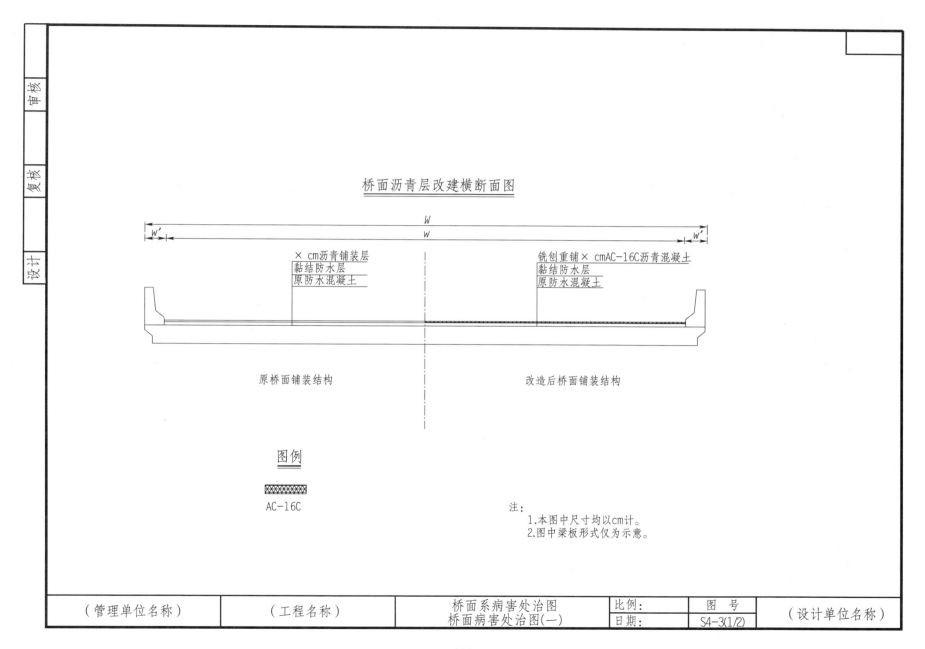

桥面防水混凝土损坏修补纵向示意图

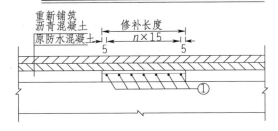

桥面病害修补范围示意图

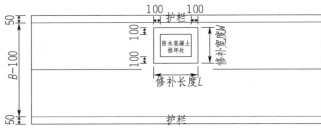

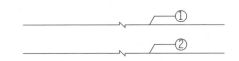

修补钢筋布置平面图

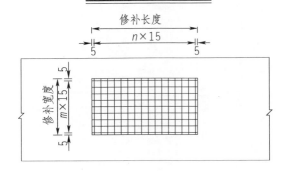

修补100cm×100cm损坏防水混凝土工程数量表

编号	直径或规格(mm)	每根长(cm)	数量	总长(m)	单位重(kg/m)	总重(kg)
1						
2						
3						
4						
5						

注：
1. 本图尺寸除钢筋直径以mm计外，余均以cm计，本图工程数量乘以计算出单位面积为需要工程量。
2. L表示修补长度，W表示修补宽度。
3. 凿除沥青混凝土面层后，确定防水混凝土已经损坏，将损坏防水混凝土凿除。凿除损坏防水混凝土时，凿除范围为损坏处边缘向四边扩大100cm。
4. 凿除原损坏防水混凝土时注意在边缘保留钢筋，预留长度满足规范中规定的绑扎长度，并且对已锈蚀钢筋进行除锈。
5. 凿除原桥面沥青混凝土后对存在桥面防水混凝土损坏的进行修复。

(管理单位名称)	(工程名称)	桥面系病害处治图 桥面病害处治图(二)	比例： 日期：	图号 S4-3(2/2)	(设计单位名称)

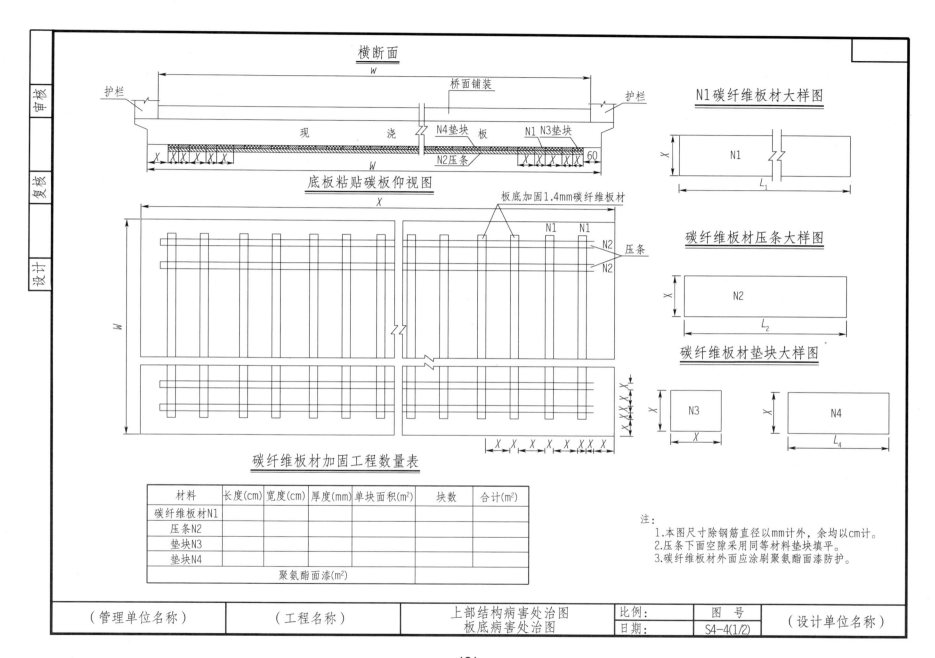

裂缝表面封闭（宽度＜0.15mm裂缝）

1. 裂缝现状示意图。

2. 清除混凝土裂缝表面5cm宽松散灰浆、砂粒、粉尘、油污，并用水清洗混凝土表面，使混凝土表面保持清洁。

3. 裂缝表面3cm宽涂刷环氧树脂3~4道，前后两次涂刷方向相互垂直。

裂缝"壁可法"注浆封闭（宽度≥0.15mm裂缝）

1. 裂缝现状示意图。

2. 封闭裂缝，跨缝安置注浆嘴（至少2个），并按工艺要求注浆。

3. 铲去表面注浆嘴和封缝材料，清理裂缝表面。

注：
1. 本图仅为示意裂缝封闭处理的施工流程，具体裂缝形态、位置可结合现场实际情况确定。
2. 环氧树脂胶的安全性能指标应满足《公路桥梁加固设计规范》（JTG/T J22—2008）。
3. 施工时先根据现场实测的裂缝宽度选择表面封闭或注浆封闭处理，然后对盖梁进行体外预应力加固。

上部结构病害处治图
裂缝修补示意图

图号 S4-4(2/2)

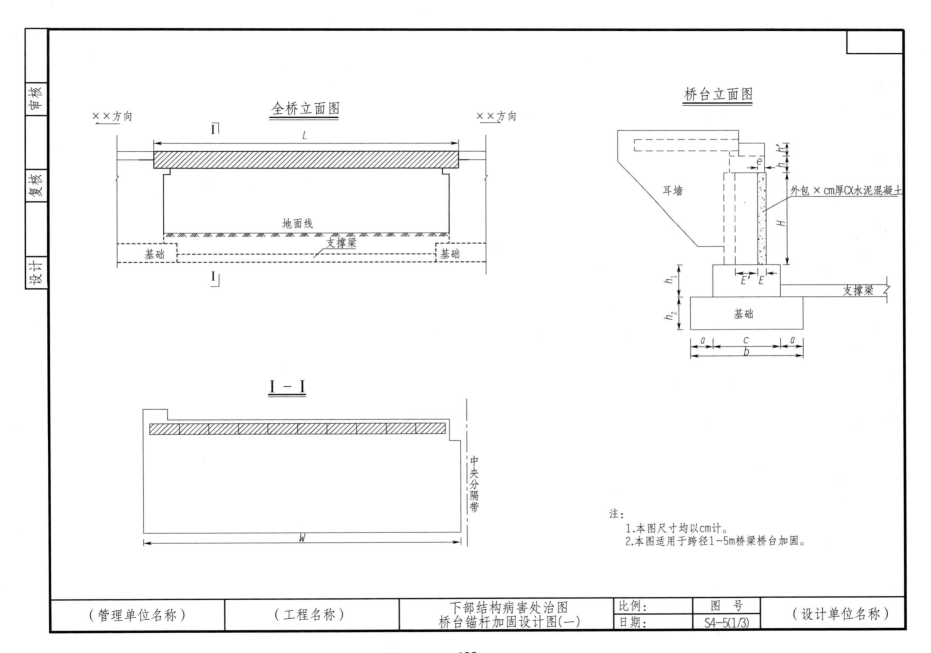

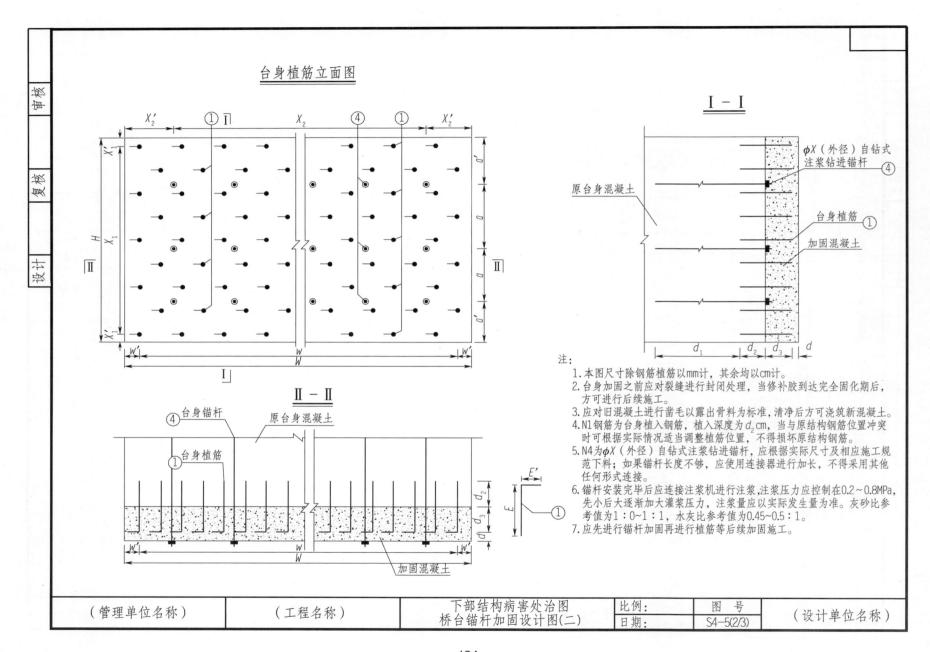

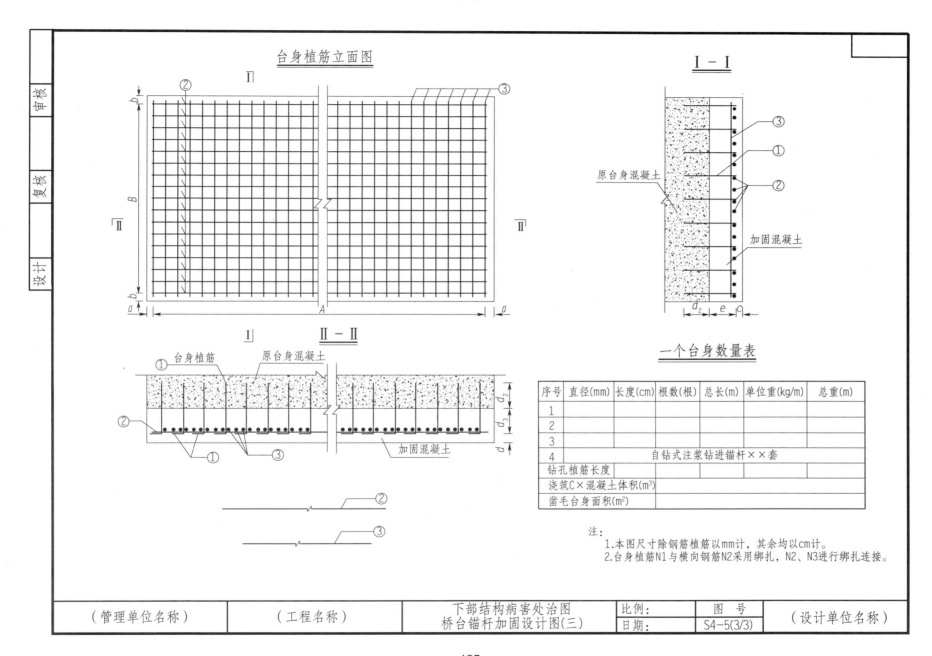

第五篇 隧 道
（本项目无隧道）

第七篇绿化、第九篇筑路材料、第十篇施工组织计划、第十一篇施工图预算，参照"第一部分　河北省农村公路新改建项目设计文件图表示例"中对应篇章。